CORDELLO

## FÜHRER ZU DEN

# AUSGRABUNGEN VON OSTIA

© Copyright 1985-86-87-88-89 by Edizioni Storti - Venezia
All Rights Reserved - Printed in Italy

*(Umschlagbild) Blick auf die Ausgrabungsstätten von Ostia Antica*

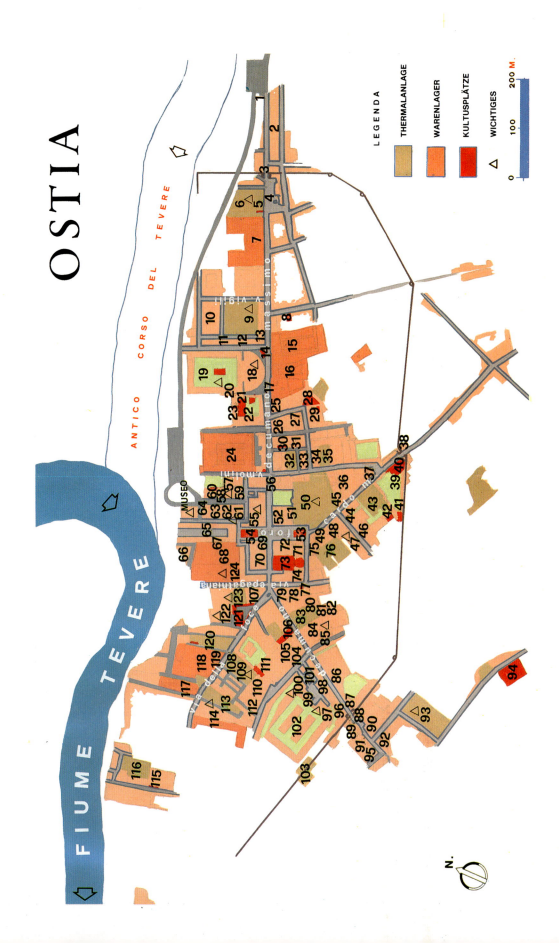

86. Finestrate
87. Portikus der Fontana a Lucerna
 Caupona di Alexander Helix (Gasthaus des Alexander Helix)
88. Porta Marina
89. Monumento Sepolcrale (Grabmonument)
90. Heiligtum der Bona Dea
91. Domus Fulminata
92. Grab des Cartilio Poplicola
93. Thermen der Marciana
94. Synagoge
95. Domus
96. Domus del Ninfeo (Domus des Nymphäums)
97. Domus dei Dioscuri (Domus der Dioskuren)
98. Insula del Graffito (Insula der Wandschriften)
99. Insula delle Pareti Gialle (Insula der Gelben Wände)
100. Insula delle Muse (Insula der Musen)
101. Insula delle Volte Dipinte (Insula der bemalten Gewölbe)
102. Case Giardino (Häuser mit Gartenanlagen)
103. Terme Marittime
104. Domus di Marte (Domus des Mars)
105. Tempio dei Fabbri Navali (Tempel der Schiffschmiede)
106. Christliche Basilika
107. Casa del Mosaico del Porto
108. Casa del Serapide (Haus des Serapis)
109. Terme dei Setti Sapienti (Thermen der Sieben Weisen)
110. Casa degli Aurighi (Haus der Wagenlenker)
111. Sacello delle Tre Navate (Heiligtum der drei Schiffe)
112. Casa di Annio (Haus des Annio)
113. Terme della Trinacria (Thermen der Trinacria)
114. Caseggiato di Bacco e Arianna (Wohnanlage des Bacchus und der Ariadne)
115. Mithräum des Palazzo Imperiale
116. Thermen des Palazzo Imperiale
117. Trajanische Märkte
118. Horrea dei Mensores
119. Aula dei Mensores
120. Thermen des Mithras
121. Area Sacra deo Templi Repubblicani (Heiliger Bezirk der republikanischen Tempel)
122. Domus di Amore e Psiche (Domus von Amor und Psyche)
123. Terme di Buticosus
124. Horrea Epagathiana ed Epafroditiana

*Sede degli Augustali. Polychrom Mosaik.*

50. phäum der Eroten)
51. Thermen des Forums
52. Forica (öffentliche Toilette)
53. Caseggiato dei Triclini
54. Capitolium
55. Tempel der Roma und des Augustus
56. Thermopolium
57. Tor und Stadtmauer des Castrum
58. Caseggiato del Molino (Wohnanlage der Mühle)
59. Sacellum des Silvano
60. Casa der Diana
61. Mithräum des Lucrezio Menandro
62. Insula di Giove e Ganimede
63. Insula di Bacco Fanciullo
64. Insula dei Dipinti
65. Casa dei Dolii
66. Cardo Maximus
67. Caseggiato dei Misuratori del Grano (Wohnanlage der Getreideabwieger)
68. Via Tecta
69. Piccolo Mercato (Kleiner Markt)
70. Kurie
71. Caseggiato del Larario
72. Domus del Tempio Rotondo (Haus des Rundtempels)
73. Basilika
74. Rundtempel
75. Kollegiumstempel
76. Domus di Giove Fulminatore
77. Thermen
78. Insula des Sacellum der Iside
79. Macellum (Lebensmittelmarkt)
80. Tabernae dei Pescivendoli (Fischläden)
81. Insula des Dionysos
82. Insula dell'Aquila (des Adlers)
83. Mithräum der Sette Porte (Sieben Türen)
84. Thermen der Sei Colonne (sechs Säulen)
85. Schola des Trajan
 Angiportico delle Tabernae

## ORTSVERZEICHNIS

1. Eingang zu den Ausgrabungen
2. Nekropolis der Porta Romana an der Via Ostiense
3. Porta Romana und Stadtmauer des Sulla
4. Piazzale della Vittoria
5. Magazzini Repubblicani
6. Terme dei Cisiarii (Thermen der Fuhrleute)
7. Horrea
8. Sabazeo
9. Thermen des Neptun
10. Feuerwehrkaserne
11. Insula des Ercole Bambino
12. Insula des Soffitto Dipinto
13. Caupona des Fortunatus
14. Gedenkstein für die Christen
15. Horrea des Hortensius
16. Horrea der Artemide
17. Porticato degli Archi Trionfali und Magazzino dei Dolii
18. Theater
19. Forum der Zunftvereinigungen
20. Schola dell'Ara della Lupa
21. Domus di Apuleius (Domus des Apuleius)
22. Quattro Tempietti Repubblicani (Vier kleine republikanische Tempel)
23. Mithräum der Sette Sfere
24. Grandi Horrea
25. Kollegiumstempel
26. Sitz der Augustales
27. Fullonica (Färberei/Wäscherei)
28. Tempel der Bona Dea
29. Mithräum des Felicissimo
30. Mithräum dei Serpenti (der Schlangen)
31. Caseggiato del Sole (Wohnanlage zur Sonne)
32. Thermen
33. Insula dell'Invidioso (Insula des Neiders)
34. Domus der Fortuna Annonaria
35. Thermen
36. Molini (Mühlen)
37. Domus der Medusa
38. Porta Laurentina
39. Tempel der Bellona
40. Schola degli Hastiferi
41. Tempel der Magna Mater
42. Mithräum degli Animali (der Tiere)
43. Terme del Faro (Thermen des Leuchtturms)
44. Caseggiato dell'Ercole Bambino
45. Fullonica (Färberei/Wäscherei)
46. Caupona del Pavone (Wirtshaus zum Pfau)
47. Domus dei Pesci (der Fische)
48. Domus delle Colonne (der Säulen)
49. Ninfeo degli Eroti (Nym-

*Thermen von Neptun: Mosaik (Ausschnitt).*

# EINLEITUNG

Vor einem Rundgang durch die Ausgrabungsstätten von Ostia ist es angebracht, sich anhand einiger Vorinformationen auf die Entdeckkung der Stadt einzustellen, in der sich durch Jahrhunderte hindurch gleichermaßen Erfolge und Mißgeschicke Roms widerspiegelten.

Ostia, einst der *Portus Romae*, der heimische Hafen für die römischen Kriegs-und Frachtschiffe und darüber hinaus eine Art Warenhaus Roms, besaß wahrhaftig nichts von dessen Glanz und Größe. Seine öffentlichen und privaten Gebäude erreichten nie die Pracht der römischen Bauwerke. Andererseits erlitt Ostia nie das Schiscksal einer häßlichen und stinkenden Vorstadt.

Nach der Gründung, die angeblich auf das 6.Jh.v.Chr. zurückgeht und unter Ancus Marcius erfolgte, entwickelte sich Ostia zunehmend und mit wachsender Geschwindigkeit bis zum 4.-5.Jh.n.Chr., wobei seltsamerweise immer innerhalb der von Sulla errichteten Stadtmauer einfach neue Gebäude auf die alten und nicht mehr nutzbaren Häuser, neue Straßen auf alte gebaut wurden; mit anderen Worten, die Stadt der Kaiserzeit aus dem 2.Jh.n.Chr. wurde auf der Stadt aus der Zeit der Republik errichtet. Später erfolgten dann viederum weitere Aus-und Umbauten des späten Kaiserreichs auf der Stadt des 2.Jh.'s n. Chr.

Mit dem Niedergang des römischen Reichs kam auch die städtebauliche Entwicklung von Ostia zum Stillstand. Scheinbar war es jedoch äußerlich nicht dem Verfall anheimgegeben, denn zu Beginn des 6.Jh.n.Chr. beschreibt Cassiodor Ostia und Porto als "zwei schmuckreiche Städte" und Prokop spricht im Laufe seiner Beschreibung der Einnahme Portos durch Wittigis im Jahre 537 n.Chr. von Ostia als einer *"einst ansehnliche Stadt, die jetzt jedoch keine Stadtmauer mehr besitzt"*.

Sicher ist jedoch, daß die Stadt danach Opfer verheerender Überfälle und Plünderungen wurde. Im 7.Jh.n.Chr. wurde im Anschluß an Plünderungen auch die Basilika von St. Aurea zerstört. Um den wenigen überlebenden und verarmtem Einwohnern, die noch in den Ruinen der Stadt hausten oder entlang der Küste Zuflucht gesucht hatten, zu Hilfe zu kommen, ließ Papst Gregor IV. eine Festungsstadt erbauen (*Gregoriopoli*), die die Bevölkerung vor den Raubzügen der Piraten und Invasoren schützen sollte.

Von daan wurde die Stadt zu einer Art kostenlosem Steinbruch für wertvolle Baumaterialien. Jahrhundertelang bedienten sich dort unterschiedslos alle, die etwas brauchten, und schafften Säulen, Kapitelle, Statuen, Ziegelsteine, Marmor, usw. weg. Für den Bau ihres Doms fuhren die Pisaner im Jahre 1063 mit großen Schiffen die Küste des tirrenischen Meers hinunter bis Ostia, wo sie sich alles holten, was sie benötigten. Desgleichen wurde für den Bau des Doms von Orvieto (14.Jh.) und verschiedener Bauwerke in Genua verfahren.

Zwischen den Ruinen der Stadt wurden in den Neptun-Thermen und in den Thermen der Sieben Weisen (terme dei Sette Sapienti) heute noch erkennbare Kalköfen errichtet.

Für den Bau der Basilika des Vatikans wurden unter der Regie verschiedener Päpste unglaubliche Massen Materials weggeschafft. Die mächtige Festung von Ostia, mit deren Bau nach dem Willen des Kardinals Giuliano della Rovere im Jahre 1483 begonnen wurde und der danach unter Papst Julius II. fortgeführt wurde, besteht aus Ziegelsteinen des antiken Ostia. Der für ihren Bau verwendete Kalk wurde aus Ostias wertvollem Marmor gewonnen. Dasselbe gilt für andere weniger bedeutende Gebäude.

Als im 18.Jh. das Interesse für antike Ausgrabungsstücke zunehmend stieg, wurde Ostia von unautorisierten Ausgräbern heimgesucht, die mit ihrer Ausbeute die Kunstsammlungen halb Europas füllten. Erst durch ein von Papst Pius VII. im Jahre 1801 erlassenes Verbot wurden diese wilden Ausgrabungen weitgehend unterbunden und mit legalen Ausgrabungen begonnen, die jedoch auch kein anderes Ziel hatte, als Kunstgegenstände herauszuholen.

Erst im Jahre 1855 wurde nach dem Willen des Papstes Pius IX. und unter der Leitung Ercole Viscontis mit der Ausgrabung und Rekonstruktion einiger kleiner Teile der Stadt begonnen. Und 1909 endlich wurden mit Dante Vaglieri wissenschaftliche Ausgrabungen eingeleitet, deren Ziel es war, das, was noch übriggeblieben war, wiederherzustellen.

Ausgrabungen und Restaurierungsarbeiten gingen so bis zum Jahre 1938 voran, wo mit einem großen Ausgrabungprojekt begonnen wurde, im Laufe dessen alle bisher geborgenen Teile der Stadt miteinander verbunden werden sollten. Um dieses Unternehmen, dessen Ziel es vor allem war, einen Überblick über die Stadt zu vermitteln, durchführen zu können, mußten circa 600.000 Kubikmeter Schutt weggeschafft werden. Mit Hilfe dieser Ausgrabung konnte das Straßenniveau wiederhergestellt werden, das die Stadt zu Beginn des 2.Jh.n.Chr. besaß. Die freigelegte Fläche umfaßt nun etwa zwei Drittel der antiken Stadt des römischen Reichs, was 340.000 Quadratmetern entspricht. Sie erstreckt sich von der Porta Romana und längs des Decumanus Maximus über eine Länge von 1.800 Metern bis jenseits der Porta Marina, einem antiken Asuläufer der Stadt am Meer. In der Höhe des Forums erreicht sie eine Breite von 600 Metern und endet im Nordwesten mit dem heutigen Tiberarm und im Südosten mit der Porta Laurentina.

Über die Stadt verteilt, kann man heute noch – trotz des Raubbaus – 19 Thermen, 22 domus, 66 insulae innerhalb 162 Häuserblocks, 18 Mithräen, 2 Mühlen, 3 Wäschereien, 1 Theater und darüber hinaus Tempel, Geschäfte, Foren, öffentliche und private Gebäude erkennen. Nichtzuletzt zeugen die über hundert *tabernae*, die sich längs der Straßen befinden, von der Vitalität des Kleinhandels, dem die Stadt durch all die Jahrhunderte hindurch ihre Blüte verdankte.

**CHRONIK
DER STADT
OSTIA**

# CHRONIK DER STADT OSTIA

### 6.Jh.v.Chr

Der Sage nach wurde Ostia von Ancus Marcius, dem IV. König von Rom, gegründet.

### 4.Jh.v.Chr.

Errichtung des *castrum*, einer rechteckigen befestigten Zitadelle aus Tuff-Quadersteinen, mit einer Nutzfläche von 14.500 Quadratmetern, innerhalb derer bescheidene Bauwerke in *opus incertum* errichtet werden.

### 3.Jh.v.Chr.

Errichtung eines ersten Wohnviertels um das *castrum* herum. Ab 267 Einsetzung der *Questores*. Die spontan entstandene Siedlung wird nun bald zu einer richtigen Stadt. Aufstellung einiger den olympischen Göttern geweihten Tempel.

### 2.-1.Jh.v.Chr.

Rege Bautätigkeit, die vor allem Nutzbauten wie Magazine zur Lagerung von Lebensmitteln, Wohnungen für Händler und Handwerker und für Hafenarbeiter umfaßt. Der Hafen selbst wird vermutlich auch zu dieser frühen Zeit gegründet. Desweiteren werden einige herrschaftliche *domus* mit Atrium und Peristylium für reiche Händler und Reeder aus Ostia erbaut.

### 87 v.Chr.

Errichtung einer Stadmauer unter Sulla.

### 12 v.Chr.

Bau des Theaters.

### 42 n.Chr. (ca.)

Kaiser Claudius läßt den neuen Hafen von Ostia erbauen, der von Nero im Jahre 54 n.Chr. eingeweiht wird. Unter Claudius wird auch das Forum der *Corporazioni* (einer Art Zusammenschluß in Zünften) errichtet, das zum Zentrum des Seehandels wird.

### 60 n.Chr.

Zu Zeiten Neros Errichtung der Warenspeicher Grandi Horrea. Nach dem Brand von Rom im Jahre 64 gibt Kaiser Nero den Auftrag, mit dem entstandenen Schutt, der mittels Lastschiffen von Rom auf dem Tiber nach Ostia geschafft wurde, die an die Stadt angrenzenden Sümpfe trockenzulegen.

Während des ganzen ersten Jahrhunderts n.Chr. wird Ostia zusehends mit öffentlichen und privaten Bauten ausgestattet.

### 98-117 n.Chr.

Kaiser Trajan erweitert und bereichert den Hafen des Claudius um ein großes sechseckiges Becken und riesige Lagerhallen. Er läßt einen Graben bauen, der den Tiber mit dem Hafen des Claudius und dem Meer verbindet. In der Stadt Ostia entstehen weitere große Magazine und öffentliche Gebäude.

### 120 n. Chr. (ca.)

Kaiser Hadrian gestaltet die Stadt nach einem großartigen Bebauungsplan vollkommen um: ganze Viertel werden abgerissen, um gewaltigeren Bauten Platz zu machen, darunter dem *Capitolium*, allen an das Forum angrenzenden Gebäuden, die Thermen eingeschlossen, der riesigen Wohnanlage *Case e Giardino*, dem *Caseggiato degli Aurighi* und dem des Serapis, den Thermen der Sieben Weisen (*Sette Sapienti*), dem großen Wohnblock *Fontana a Lucerna*, den Thermen des Neptun, der Kaserne für die Feurwehr. Dieses Stadtbauprojekt wird während des ganze zweiten Jahrhunderts und teilweise auch im dritten Jahrhundert unter anderen Kaisern weitergeführt.

### 312-337 n.Chr.

Kaiser Konstantin entzieht Ostia alle Stadtrechte und verleiht sie der Stadt Porto.

### 4.Jh.n.Chr.

Ostia schmückt sich mit herrlichen, reich mit Marmor verzierten *domus*, unter denen vor allem das *Domus* von Amor und Psyche, das Domus der Fische (*dei Pesci*), das Domus der Säulen (*delle Colonne*) und das *Domus del Protiro* hervorstechen.

### 5.Jh.n.Chr.

Ostias Niedergang hat bereits begonnen.

*Museum innerhalb des Ausgrabungsgeländes. Ausstellungsraum.*

*(Oben) Statue des stiertötenden Mithras.*
*(Unten) Marmorgruppe mit Amor und Psyche.*
*S. 11 (Oben) Statue des Kaisers Trajan.*
*S. 11 (Unten) Statue des Perseus mit dem Haupt der Meduse.*

## KLEINER RUNDGANG

**(Empfiehlt sich für diejenigen, die nur für einen kurzen Besuch Zeit haben).**

Vom innerhalb der Ausgrabungsstätte gelegenen Parkplatz wird folgender Rundgang vorgeschlagen:

- **Museum**
- (60) **Mithräum des Lucrezio Menandro**
- (57) **Caseggiato dei Molini (Wohnblock der Mühlen)**
- (59) **Casa di Diana**
- (61) **Insula di Giove e Ganimede**
- (55) **Thermopolium**
- **Forum**
- (51) **Forica (öffentliche Latrine)**
- (50) **Thermen des Forum**
- (48) **Domus delle Colonne**
- (34) **Domus della Fortuna Annonaria**
- (27) **Fullonica (Wäscherei und Färberei)**
- (26) **Sede degli Augustali (Kollegium der zum Kaiserkult Befugten)**
- (18) **Theater**
- (19) **Foro delle Corporazioni (Forum der Zunftvereine)**

**und von dort Rückweg zum Parkplatz.**

# DAS MUSEUM VON OSTIA

Das Museum von Ostia, das 1865 unter Papst Pius IX. in einem für diesen Zweck umgebauten Gebäude aus dem 15.Jh., das vorher als Salzmagazin verwendet worden war, eingerichtet wurde, enthält eine sehenswerte Sammlung archäologischer Funde, die die letzten großen Ausgrabungen zutage gebracht haben.

Eindrucksvoll sind vor allem die Skulpturen, unter denen sich Statuen höchster Qualität befinden, darunter die gepanzerte *Statue des Kaisers Trajan*, die *Statue der Faustina Maggiore*, die *Statue des Cartilio Poplicola*, die *Gruppe des Mithras, während er den Stier tötet*, die *Statue des Perseus mit dem Kopf der Meduse* und die *Statue der Giulia Domna Diva*. Die Porträtsammlung enthält ostiensische Persönlichkeiten, Mitglieder des Königshauses und Philosophen, darunter die *Büste des Volcacius Miropnous*, das *Haupt des Trajan*, das *Porträt der Faustina Maggiore*, die *Büste des Asclepius*. Aufmerksamkeit verdienen auch kleinere Marmorgruppen wie *Il Cavaspina* (der Stachelzieher) und *Amore e Psiche* (Amor und Psyche). Weiter gibt es eine Sammlung von Sarkophagen und ausgezeichneten Basreliefs zu besichtigen, Beispiele von aus Gräbern geborgenen Wandmalereien, Embleme in polychromem Mosaik und ein besonders schönes Exemplar eines polychromen *opus sectile,* das das *Bildnis des segnenden Christus darstellt.*

Nicht übersehen sollte man eine kleine Sammlung von Bronzegegenständen, Beispielen antiken Kunsthandwerks, Öllampen und Gläsern. In einem kleinen Raum sind einige Tonreliefs und Ladenschilder ausgestellt. Als Kuriosität gilt eine Maromortafel, in die zwei einander gegenüberstehende *Paar Füße* eingraviert sind. Es handelt sich um einen Fund aus dem Tempel der Bellona, der Kriegsgöttin, und stammt vermutlich von einem Soldaten, der, unverletzt aus dem Krieg heimgekehrt, zum Dank diese Votivtafel anbringen ließ.

# RUNDGANG

# RUNDGANG

**1. Eingang**
**2. Nekropolis der Via Ostiense**

Gleich nach dem Eingang zu den Ausgrabungen von Ostia (1) vermitteln die großen Pflastersteine der Via Ostiense, längs derer sich ein Teil der antiken Nekropolis (2) erstreckt, einen ersten Eindruck der Ruinenlandschaft. Reste von Gräbern, die einst mit reichen Dekorationen verziert waren und heute mit ihrem Mauerwerk wie armselige Skelette wirken, zeugen neben dem durch ihr Alter bewirkten Verschleiß von dem unaufhörlichen Raubbau, den in all den vergangenen Jahrhunderten unfachkundige Ausgräber auf der Suche nach wertvollen Grabausstattungen und sagenumwobenen Schätzen begangen haben. Trotz der erfolgten Grabräuberei kann man heute noch an den Grundrissen die wesentlichen Merkmale der Familiengräber der wohlhabenden Ostienser erkennen. Wenn man die Via Ostiense weitergeht oder nach links abbiegt, wo parallel dazu eine andere gepflasterte Straße verläuft, trifft man auf Gräber in Kapellenform aus der Spätzeit des Reichs und auf ältere Kolumbarien (unterirdische Kammern) mit zahlreichen Nischen in den Wänden für die Aschenkrüge. Einige hie und da herumliegende Überreste von Marmor- oder Tonsarkophagen geben zusammen mit Fragmenten von Grabinschriften ein eher klägliches Zeugnis der Bestattungen. Die Grabmäler reichen bis zum Rand der Stadtmauer (Mauer des Sulla) (3), die den städtischen Bezirk rigoros von der Gräberstadt trennte.

### 3. Porta Romana und Stadtmauer des Sulla

Am Ende der Nekropolis findet man sich den Überresten der Porta Romana gegenüber. Hier endet die Via Ostiense, die jenseits des Stadttors zum Decumano Massimo wird. Ein auf der rechten Seite sichtbarer Sockel diente als Fundament für eine Statue irgendeines ruhmreichen römischen Kaisers. Hinter dem Tor geht es eine Ebene tiefer hinab zum antiken Stadtniveau des 1.Jh.v.Chr. Große Tuffsteinquader, aus denen einst das Mauerwerk gebildet war, markieren den vorstehenden Grundriß einer der beiden Türme. Das aus einem Bogen bestehende Tor in der Mitte führte in die Stadt hinein. Vermutlich wurde es einst von zwei *geflügelten Minerven* gekrönt, von denen eine sich nun auf dem sog. Siegesplatz (piazza della Vittoria) befindet (4). Eine an demselben Platz angebrachte Inschrift erinnert an die alten Restaurierungsarbeiten an der Stadtmauer und an dem Tor selbst.

Seitlich des Tors kann man noch Spuren des Mauerkerns erkennen, der der in den Jahren 82 bis 79 v.Chr. unter Sulla errichteten Mauer entstammt. Heute sind nur noch einige kurze Teile davon zu erkennen. Der ausgegrabene Teil der die Stadt im Südosten umgebenden Stadtmauer ist 1840 Meter lang. Jenseits des Tors erstreckt sich ein großer Platz, auf dessen linker Seite noch Überreste eines großen Beckens oder Brunnens erkenntlich sind und der als Halteplatz und Sammelstelle für die Fuhrleute diente, die auch die Verbindung zwischen Ostia und Rom herstellten. Vor der schönen Thermalanlage der Fuhrleute (*cisiarii*) (6) befindet sich auf der rechten Seite des Platzes eine große Lagerhalle (5) aus der republikanischen Zeit, de-

*S. 13 (Oben) Nekropolis der Porta Romana. Kolumbarien.*
*S. 13 (Unten) Nekropolis der Porta Romana. Sims eines Grabeingangs.*
*Porta Romana. Geflügelte Minerva.*

## 6. Terme dei Cisiarii (Thermen der Fuhrleute)

Die auf das Ende des 1.Jh. – Beginn des 2.Jh. zurückgehende Thermalanlage wurde auf den Überresten ehemaliger Lebensmittelspeicher errichtet. Sie gehörte vermutlich der Vereinigung der Fuhrleute und enthält das schöne viereckige *Mosaik* des Frigidarium (Seitenmaß: 8.70 m), das für diese Zunft charakteristische Tätigkeiten darstellt, aber leider im 3.Jh. ungeschickt restauriert wurde. Auf dem Hintergrund eines mit Türmen versehenen Städtchens werden Szenen aus dem Leben der Fuhrleute wiedergegeben. Ein weiterer Mauerring begrenzt und umrahmt das Mosaik. Es wird angenommen, daß die Fuhrleute nicht nur den öffentlichen Stadtverkehr gewährleisteten, sondern auch über die Via Ostiense eine schnelle Verbindung zwischen Rom und Ostia herstellten, wobei sowohl zweirädrige Kutschen, sog. *cisium*, für den Publikumsverkehr, als auch die *carruca*, ein vierrädriges Gefährt für den Waren-und Gepäcktransport, eingesetzt wurden.

Wenn man von den Thermen auf die Hauptstraße (Decumanus) zurückkehrt, findet man ungefähr auf der Mitte rechts liegend eine riesige *horrea* (7) (Lebensmittelspeicher), die freigelegt wurde und auf die Zeit des Kaisers Antoninus Pius zurückgeht. Auf der Pflasterdecke kann man durch einige Eisengitter hindurch die Bleirohre des ostiensischen Aquädukts erkennen. Ein genau in der Mitte der Hauptstraße gelegener Brunnen aus dem Mittelalter läßt darauf schließen, daß Ostia auch zu jener Zeit bewohnt war. Auf der rechten Seite kündigt ein von Pfeilern getragener Portiko die Thermen des Neptun an (9).

ren Pfeilerportiko sowie einige Innenräume sehenswert sind.

*Porta Romana. Sockel einer Kaiserstatue.*
*Thermen der Cisiarii (Fuhrleute). Mosaik des Frigidariums.*

### 9. Terme di Nettuno (Thermen des Neptuns)

Auf den Überresten noch älterer Thermen erhebt sich diese eindrucksvolle Thermenanlage, mit deren Bau unter Hadrian begonnen wurde und der dann wegen fehlender Mittel zunächst eingestellt wurde (einer Inschrift kann man entnehmen, daß Kaiser Antoninus Pius den Ostiensern dann die nötigen Mittel für die Fertigstellung der Anlage gewährte, die so auf seine Kosten im Jahre 139 n.Chr. gebaut wurde). Der gut aufgegliederte und funktionale Bau enthält noch eines der aufgrund seiner Komposition schönsten Mosaike Ostias. Auf einer Fläche von 18 × 12 Metern ist im Hauptsaal der *Triumph des Neptuns* dargestellt.

Umgeben von einem Gefolge von Seeungeheuern, Nereiden und Tritonen lenkt Neptun selbst ein Viergespann von Seepferden. Im angrenzenden Saal ist auf einem Mosaik die Meereskönigin Amphytrite abgebildet, der Imene und vier Tritonen (von denen einer nicht mehr erkennbar ist, voranschreiten, die Zimbel und *Kantharos* spielen. Im selben Raum befindet sich rechts – heute mit einem Dack überdeckt – einer der vielen in der Stadt freigelegten Kalköfen aus dem Mittelalter, in denen der Marmor gebrannt wurde, um daraus Kalk zu gewinnen.

Wenn man in der Anlage über die Via dei Vigili hinaus weitergeht, stößt man auf einen Raum, der mittels dünner, längs der Wände verlegter Rohre (*laconium*) beheizt wurde, und auf das Warmbadzimmer mit Heizanlage, der sog. *praefurnia*. Verborgen unter einer Gymnastikhalle befindet sich ein unterirdischer Wasserspeicher, der in sechs lange, mit Tonnengewölben bedeckte Kammern unterteilt ist.

Nach der Besichtigung der Thermen empfiehlt es sich, die Via dei Vigili weiterzugehen.

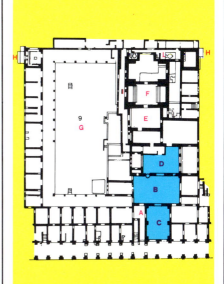

## DIE THERMEN DES NEPTUNS

A - Aussichtsterrasse
B - Das Mosaik des Triumphs des Neptuns
C - Das Mosaik der Amphytrite
D - Frigidarium
E - Laconicum
F - Calidarium
G - Turnplatz
M - Zisterne
I - Praefurnia
L - Kessel

**Blau - Mosaik**

S. 16 Thermen des Neptuns. Mosaik der Amphytrite.
(Oben) Thermen des Neptuns. Palästra.
(Unten) Thermen des Neptuns. Räume des Frigidariums.

## 10. Caserma dei Vigili (Feuerwehrkaserne)

Ehe man zur Feuerwehrkaserne gelangt, trifft man in der gleichnamigen Straße auf eine Zisterne. Kurz danach sieht man unterhalb der Straßenhöhe gelegen einen schönen schwarz-weißen *Mosaikboden*, der zu einem Bau gehörte, der auf die Zeit des Claudius zurückging und unter Hadrian niedergerissen wurde, um der neuen Anlage der Neptun-Thermen und der Feuerwehrkaserne Platz zu machen.

Die zur Zeit Hadrians im Jahre 132 n.Chr. erbaute Kaserne war der Sitz einer von den römischen Kohorten abgetrennten Einheit, die als Feuerwehr eingesetzt wurde (eine auf Claudius zurückgehende Einrichtung). Unmittelbar vor dem Haupteingang der Kaserne sieht man noch die Überreste eines Mosaikbodens zweier kleiner Weinschenken, die vermutlich der Truppe vorbehalten waren. Im Inneren gelangte man von einem mit zweistöckigen Säulenhallen umgebenen Innenhof zu den Truppen-und Nutzräumen. Auf der linken Seite befindet sich eine Latrine, an deren einer Wand eine kleine, der Fortuna geweihte Ädikula angebracht ist. Im Jahre 207 n.Chr. wurde innerhalb des Portikus Raum für das Augusteum gewonnen. Letzteres diente dem Kaiserkult, dem die Militärs sehr huldigten. Im Erdgeschoß sind noch einige Sockel vorhanden, auf denen die Statuen der als Götter verehrten Kaiser standen. Man kann diejenigen der Statuen Severus, Caracallas und Julius Domnas erkennen. Das Vestibül des Augusteums war mit einem schwarz-weißen Mosaikboden ausgestattet, der eine Opferszene darstellt. Nach der Kaserne führt der Rundgang weiter zur *Insula dell'Ercole Bambino* (11).

(Oben) Kaserne der Vigili (Feuerwehr). Innenhof.
(Unten) Via della Caserma dei Vigili. Überreste eines Gebäudes aus der vorhadrianischen Zeit.
S. 19 (Oben) Kaserne der Vigili (Feuerwehr). Detailansicht des Mosaiks im Augusteum.
S. 19 (Unten) Via della Caserma dei Vigili. Zisterne.

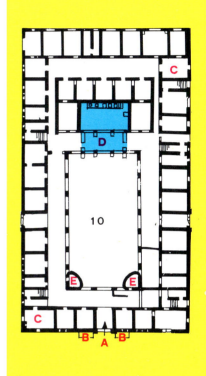

**DIE FEUERWEHRKASERNE**

A - Haupteingang
B - Weinschenken
C - Foricae
D - Augusteum: Das Mosaik einer Opferszene
E - Zisterne

**Blau - Mosaik**

11. Insula dell'Ercole Bambino
12. Insula del soffitto dipinto
13. Caupona di Fortunato

Entlang der Via della Cisterna erstreckt sich ein großes Wohngebäude, das ebenfalls auf die Zeit Hadrians zurückgeht und im Erdgeschoß aus zwei Wohneinheiten (*insulae*) besteht. Einige Stiegenrampen lassen auf mindestens ein weiteres Stockwerk schließen. Die beiden *insulae* lassen überdies die Wohlhabenheit ihrer Bewohner erahnen, die wohl der im Seehandel tätigen bürgerlichen Mittelschicht angehört haben.

In der Insula dell'Ercole Bambino (11) zeugen Überreste von Wandmalereien von nüchterner Ausschmükkung, die aus einfachen farbigen Abvierungen besteht, die nur selten figürliche Darstellungen enthalten oder in einigen Fällen kleine Szenen bzw. Figürchen, die in einen riesigen Hintergrund übergehen. Auch in anderen reichen *insulae* ist der Bilderschmuck in diesen Tönen gehalten.

Die Via della Cisterna wird zur Hauptstraße hin abgeschlossen von einer zeitlich späteren *caupona* (Wirtshaus).

14. Gedenkstein für die Christen

Seitlich eines der beiden Nympheen, die das am Decumanus gelegene Theater einrahmten, erblickt man einen Gedenkstein, der zu Ehren der christlichen Martyrer der Gemeinde von Ostia aus dem 3.Jh. aufgestellt wurde. Unter den bekanntesten seien Aurea, der später eine in der Nekropolis der Via Ostiense über ihrem Grab errichtete Basilika geweiht wurde (die heutige Kirche von Ostia Antica), und die Martyrer Ciriacus, Hippolytus, Asterius und Prepedigna genannt. Der Sarkophag mit dem Bildnis des Orpheus soll angeblich die Gebeine des Bischofs Ciriacus enthalten. Desweiteren wird der hl.Monika gedacht, die in der Stadt Ostia gestorben ist, während sie auf die Einschiffung nach Afrika wartete.

Obwohl wenige Zeugnisse aus dieser Zeit überliefert sind, darf man darauf schließen, daß die ostiensische Christengemeinde zahlreich und sehr rührig war, wenn sie, wie der hl.Augustinus schreibt "*die berühmteste unter den außerhalb der Stadt gelegenen Gemeinden*" war und "*der Bischof von Ostia seit undenklichen Zeiten das Recht besitzt, den Erwählten auf dem Stuhl Petri zu salben*".

Auf der linken Seite der Hauptstraße zeichnet sich der große Lebensmittelspeicher des Hortensius (*Horrea di Hortensius* (15) ab.

15. Horrea di Hortensius
16. Horrea dell'Artemide
17. Magazzino dei Dolii hinter dem Porticato degli archi trionfali

Es handelt sich hier um eine Reihe von Lebensmittelspeichern, von denen der älteste die Horrea di Hortensius (15) ist, der aus dem 1.Jh.v.Chr. stammt. Das Fundament dieser *horrea* scheint, im Verhältnis zu den anderen beiden, etwas tiefer zu liegen. Das erklärt sich aber daraus, daß zu jener Zeit die Straßenhöhe der republikani-

*(Links) Zisterne, von der sich der Name der Straße ableitet.*

*(Rechts) Am Decumanus gelegenes Nymphäum und Gedenkstein für die Christen.*
*S. 21 (Oben links) Sims der Säulenhalle Portico degli Archi Trionfali.*
*S. 21 (Oben rechts) Kapitell der Säulenhalle Portico degli Archi Trionfali.*
*S. 21 (Unten) Horrea des Hortensius. Panoramablick.*

schen Zeit angesetzt werden muß. Die Horrea dell'Artemide (16) zeichnen sich vor allem durch einen großen Vorrat an in die Erde eingelassenen Krügen (dolii) aus, die zur Aufbewahrung von Wein und Öl bestimmt waren.

Nach dem *Liber Pontificalis* befanden sich auf dem Decumanus gegenüber dem Theater einer oder mehrere Triumphbögen, unter denen die Heiligen Sant'Aurea, San Ciriacus und einige ihrer Leidensgenossen gemartert wurden. Davon sind jedoch keine Spuren mehr erhalten. Übriggeblieben sind nur eine schöne Konsole, Reste eines Simses und ein Kapitell, die heute in der dementsprechend *Portico degli Archi Trionfali* benannten Säulenhalle ausgestellt sind (17).

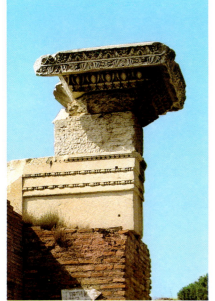

## 18. Das Theater

Es wurde im Jahre 12 v.Chr. unter Augustus in Tuffmauerwerk erbaut und im Jahre 196 n.Chr. erweitert und erneuert, um das Fassungsvermögen zu vergrößern. Zur Verzierung umgab man seine Pfeilerbögen mit Ziegel-Lisenen und schmückte den Haupteingang mit wertvollen Stuckarbeiten. Sein Fassungsvermögen bestand nach diesen Erweiterungsarbeiten in 3500 Plätzen. Eine geräumige Galerie mit Cipollinsäulen schmückte den obersten Teil des Zuschauerraums. (Einige dieser Säulen sind heute hinter der Bühne und längs des Decumano in der Nähe des christlichen Oratoriums aufgestellt). Die Bühne, die ursprünglich mit drei Säulentypen versehen war, existiert heute nicht mehr.

In der späten Kaiserzeit wurde das Theater im Zuge neuer Restaurierungsarbeiten auch verputzt und bemalt. Spuren dieser antiken Restaurierung kann man noch an den Fragmenten erkennen, die auf der Via delle Corporazioni herumliegen. Überdies wurden auch die Voraussetzungen für Wasserspiele geschaffen, anläßlich derer das Orchester, d.h. der tiefer gelegene Teil der Bühne, unter Wasser gesetzt wurde. Das dazu benötigte Wasser wurde in großen Zisternen gesammelt, die in den zwei dem Decumanus zu gelegenen Läden aufgestellt wurden.

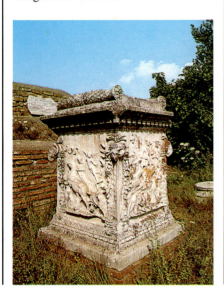

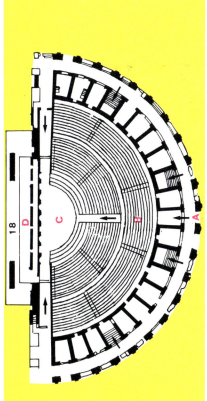

**DER THEATER**

A - Haupteingang
B - Zuschauerraum
C - Orchestra
D - Bühne

P. 22 (Unten links) Forum der Zunftvereine. Heiligtum des Romulus und Remus.
S. 22 (Oben) Theater. Bogenfragment an der Via delle Corporazioni.
S. 22 (Unten) Theater. Masken.
(Oben) Theater. Ausblick auf den Decumanus.
(Unten) Theater. Der Zuschauerraum.

### 19. Foro delle Corporazioni (Forum der Zunftvereinigugen)

Der zu Zeiten Claudius' erbaute, große viereckige Portikus mit zwei Ziegelsäulen-Reihen dorischer Ordnung beherbergte in 50 Geschäftsräumen die Niederlassungen der verschiedenen Handels-und Schiffahrtsvereinigugen (*stationes*). Der aus Pfeilerbögen bestehende Prachteingang zum Forum öffnete sich zur Nordseite hin gegenüber dem Theater. Das Forum stellte das Handelszentrum Ostias dar, in dem alle den Seehandel betreffenden Geschäfte abgeschlossen wurden. Anläßlich der Erweiterungsarbeiten am Theater wurde im Jahre 196 n.Chr. auch die Säulenhalle umgebaut und verändert, wobei nicht nur die Fußböden um 40 cm angehoben wurden, sondern auch die Räumlichkeiten des Portikus so erweitert, daß statt der ursprünglich 50 *stationes* nun 64 untergebracht werden konnten.
Die heute zu besichtigenden Mosaike stammen aus dieser zweiten Phase. Leider sind sie in vorangegangener Zeit unfachkundig restauriert worden und entsprechen häufig nicht mehr dem ursprünglichen Entwurf.
Die Mosaikmuster stellten die verschiedenen Handelsaktivitäten der jeweiligen *statio* dar und waren eine Art Eigenwerbung.
In der Mitte des Forums steht, umgeben von Säulenstümpfen und Monumenten wohlverdienter Ostienser Bürger, auf einem hohen Podium der Tempel, wahrscheinlich Ceres geweiht, wohin sich die Händler vermutlich zur Danksagung begaben,

### 21. Domus di Apuleius

Das *domus* wurde vermutlich gegen Mitte des 1. Jh.n.Chr. an einem Platz errichtet, der im Norden das Podium der *Quattro Tempietti Repubblicani* umfaßt. Seinen Namen bekam es nach einer auf einer bleiernen *fistula* gefundenen Inschrift: *Apuleius Marcellus*. Es verfügt über ein säulenbestandenes Atrium, von dem aus kleine, mit schwarz-weißen Mosaikböden versehene Räume ab-

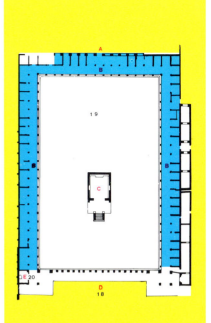

gehen. Die Räumlichkeiten und Fußböden wurden anläßlich verschiedener Restaurierungen, die vermutlich auf das 2. und 3. Jh.n.Chr. zurückgehen, verändert.
An der Westseite grenzt es an das Mithräum *delle Sette Sfere* an (23).

### 22. Quattro Tempietti Repubblicani (Die vier kleinen republikanischen Tempel)

Die bescheidenen Reste vier kleiner republikanischer Tempel stehen auf einem gemeinsamen hohen Podium in Tuffmauerwerk. Man kann noch die Mauern der einzelnen Cellae und einige Überreste der Säulenfundamente erkennen. Obwohl sie die gleichen Ausmaße besitzen, erscheinen sie strukturell unterschiedlich.

### 23. Mitreo delle Sette Sfere

Es ist eines der besterhaltensten der 18 ostiensischen Mithräen und stammt aus dem 3.Jh.n.Chr. An ihm kann man deutlich einige der strukturellen Besonderheiten erkennen, die alle Mithräen von Ostia auszeichnen.
Die zwei *podia* waren den dem Ritus beiwohnenden Gläubigen vorbehalten, während der Gang zum Heiligtum und dem Altar führte, auf dem das Bildnis des Gottes Mithras aufgestellt war. Die *podia* und der Boden des Ganges sind mit schwarz-weißen Mosaiken verkleidet. Auf dem Boden zeichnen sich sieben auf den Altar zustrebende Halbkreise ab, die die sieben himmlischen Sphären oder die sieben zur Erreichung des Bewußtseins notwendigen Stufen symbolisieren. Es sei an dieser Stelle darauf hingewiesen, daß in fast allen Mithräen Ostias die Zahl Sieben, wenn auch in unterschiedlicher Erscheinungsform, immer wieder in den Mosaiken auftaucht. Seitlich der *podia* befinden sich die Zeichen des Tierkreises und andere Figuren. Andere besichtigenswerte Mithräen sind: das Mithräum des *Felicissimo* (29), dessen Mosaikboden des Ganges über Figurationen der verschiedenen Stadien des Kultes verfügt; das Mithräum des *Lucrezio Menandro* (60), das ebenfalls sehr gut erhalten ist; das Mithräum *degli Animali* (der Tiere) (42); das Mithräum *delle Sette Porte* (der sieben Türen) (82). Überdies sei darauf hingewiesen, daß im Museum eine sehr schöne Marmorgruppe ausgestellt ist, die aus dem Mithräum der gleichlautenden Thermen (120) stammt und Mithras darstellt.

### DAS FORUM DER INNUNGEN

A - Alter Eingang zum Forum
B - Die Mosaike der Stationes
C - Der Tempel der Ceres
D - Die Bühne des Theaters
E - Der Altar der Wölfin und der Zwillinge

**Blau - Mosaik**

P. 24 (Oben) Forum der Korporationen (Zunftvereine). Tempel der Ceres.
S. 24 (Unten) Forum der Korporationen (Zunftvereinigungen). Linker Teil des Portikus.
Forum der Korporationen (Zunftvereinigungen). Statio (Geschäftsraum einer Handelsniederlassung) mit musivischer Darstellung einer Warenverladung.

### 24. Grandi Horrea

Diese eindrucksvollen Lagerräume, die sich unweit des *Foro delle Corporazioni* befinden, wurden im 1.Jh.n.Chr. zwischen dem Tempel des Claudius und dem Neros erbaut. Sie sind nicht nur eindrucksvoll in ihren Ausmaßen, sondern auch, was ihre Anlage betrifft, wahrscheinlich die interessantesten. Sie waren von Anfang an als Getreidespeicher vorgesehen und einige von ihnen weisen unter den Fußböden massive Fundamentierungen auf, die eine hervorragende Isolierung und damit einen befriedigenden Feuchtigkeitsschutz gewährleisteten.

### 25. Tempio Collegiale (Kollegiumstempel)

Es handelt sich bei diesem Bauwerk um einen von einer der vielen in der Hafenstadt tätigen Handelsvereinigungen errichteten Tempel, der sich auf einer umzäunten und geschlossenen Fläche befindet, da er ausschließlich den *sodales*, d.h.den Mitgliedern der Körperschaft vorbehalten war. Einige Räumlichkeiten sind dem Tempelhof, von dem noch der Treppenaufgang und das hohe Podium erhalten sind, vorgelagert. Ein aus dem Gebälk stammendes Marmorfragment, auf dem Spuren eines Basreliefs erkennbar sind, ist an der dem Decumano Massimo zu gelegenen Außenmauer angebracht.

### 26. Sede degli Augustali (Sitz der zum Kaiserkult Befugten)

Der auf die zweite Hälfte des 2.Jh.n.Chr. zurückgehende Bau wurde auf einem vorangegangenen Bauwerk aus der republikanischen Zeit errichtet. Er diente als Sitz der politisch-religiösen Körperschaft der Augustalen, d.h. der zum Kaiserkult zugelassenen Priester.
Der am Decumanus gelegene Haupteingang mündet in einen von Arkaden umgebenen Innenhof, der mit einem schönen Brunnen versehen ist. Um den Portikus herum liegen kleine Räume und ein schöner, mit einer Apsis versehener Saal, der in der späten Kaiserzeit mit polychromen Marmorplatten ausgestattet wurde. In diesem Saal wurde im Zuge der Ausgrabungen neben anderen Statuen von Mitgliedern des Kaiserhauses auch die Statue gefunden, von der man annimmt, daß sie den Kaiser Maxentius in seiner Funktion als *Pontifex Maximus* darstellt und die sich heute im Museum befindet. In einem rechts gelegenen kleineren Saal befindet sich ein schwarz-weißes *Mosaik*, das in der Mitte ein polychromes Emblem aufweist, das zwei geflügelte *Amoretten* darstellt.

*Sitz der Augustalen mit der Kopie einer weiblichen Statue.*

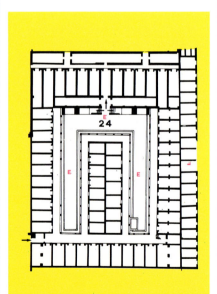

**DIE GROßE HORREA**
E - Der Hof mit dem Laubengang

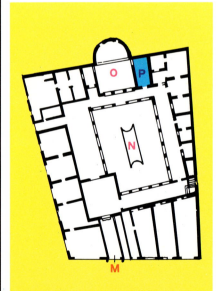

**DER SITZ DER AUGUSTALI**
M - Hapteingang zum Decumanus
N - Brunnen
O - Der Saal des Trikliniums
P - Der Saal des polychromes Mosaiks

**Blau - Mosaik**

## 27. Fullonica (Färberei und Wäscherei)

Antike Wäscherei und Färberei, die über einige große Becken verfügt, in denen das für die verschiedenen Waschgänge notwendige Wasser zur Verfügung stand. Darum herum kleinere Terrakottagefäße, in denen die *fullones* (Wäscherinnen) das Waschen und Färben vornahmen.

Eine andere große *fullonica*, die jedoch weniger gut erhalten ist, liegt an der Via delle corporazioni und eine kleinere am Cardo Maximus (45).

## 28. Tempio della Bona Dea (Tempel der Bona Dea)

## 29. Mitreo di Felicissimo (Mithräum des Felicissimo)

Nach der *fullonica* kann man gegen Ende der Via degli Augustali noch einen in *opus reticulatum* erstellten Mauerkomplex erkennen, der sehr viel tiefer als die Straße liegt. Die Anlage aus dem 1.Jh.v.Chr. umfaßt den Tempel der Bona Dea (28), von dem nur noch niedrige Grundmauern der Cella vorhanden sind, und die angrenzenden Räume, die der Unterkunft der Vestalinnen vorbehalten waren. Ein Altar vor dem Tempel und ein Brunnen vervollständigen die Anlage. Der ganze Komplex war von einer hohen Mauer umgeben, die den heiligen Bezirk der Göttin vor indiskreten Blicken schützte. Die Bona Dea wurde von den Frauen verehrt, die sie um Fruchtbarkeit und Schutz der Ernte anflehten. Rechts von der Umfassungsmauer des heiligen Bezirks der Bona Dea liegt das kleine Mithräum des Felicissimo (29), von dem man noch das Muster des Mosaikbodens des Mittelganges erkennen kann.

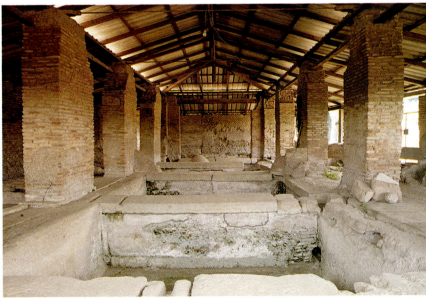

30. **Mitreo dei Serpenti** (Mithräum der Schlangen)
31. **Caseggiato del Sole** (Wohnanlage zur Sonne)
32. **Thermen**
33. **Insula dell'invidioso** (Insula des Neiders)

Wenn man die Via della Fortuna Annonaria entlang geht, trifft man noch vor dem gleichnamigen Haus rechts auf eine kleine Straße, die sog. Via del Caseggiato del Sole. Sie verläuft zwischen zwei Wohnblöcken aus der Zeit des Antoninus Pius, die sich bis zum Decumanus Maximus hin erstrecken. Der erste auf der rechten Seite (31) enthält eine Reihe von Geschäften und Wohnungen, die noch von Wandmalereien zeugen, und darüber hinaus das Mithräum der Schlangen (30). Im linken Wohnblock befindet sich die Insula dell'Invidioso (33).

34. **Domus della Fortuna Annonaria**
    **Domus del Protiro**
36. **Molini** (Mühlen)
37. **Domus della Medusa**

Wenn man zuerst die Via della Fortuna Annonaria und dann die Straße namens Semita dei Cippi entlang geht, kann man unter anderem drei schöne *domus* aus dem 3.-4. Jh. n. Chr. besichtigen.
Das erste namens *Domus della Fortuna Annonaria* besitzt neben einem schönen säulenbestandenen Peristyl ein mit einem weiß-schwarzen Mosaikboden ausgelegtes Zimmer, auf dem in achteckigen Abvierungen mythische Gestalten dargestellt sind, unter denen vor allem eine Darstellung der kapitolinischen Wölfin mit den Zwillingen auffällt.
Wenn man in Richtung Porta Laurentina weitergeht, trifft man links auf das Domus del Protiro, das uns mit einem schönen polychromen Mosaik mit großen Marmormustern im Flur empfängt. Bei antiken Umbauarbeiten wurde am Eingang das

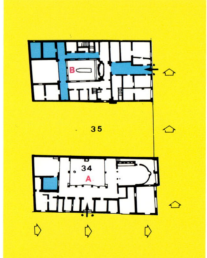

A - Das Haus der Fortuna Annonaria
B - Das Haus des Ganges

**Blau - Mosaik**

säulenbestandene Perystil geschlossen, um Raum zu schaffen für einen mit Nischen versehenen Brunnen. Darum herum befinden sich Zimmer und der Treppenaufgang zum oberen Stockwerk. Sehenswert ist in diesem *domus* ein kleines, unter dem Perystil gelegenes Nymphäum: man erreicht es über einige wenige Treppen auf der rechten Seite des Portikus. Kleine Nischen und ein schmaler Durchgang führen in einen engen Raum mit einem Brunnen. Wieder auf der Straße, trifft man rechts auf eine Mühle.

Etwas weiter befindet sich das trapezförmige Domus della Medusa.

**38. Porta Laurentina**
**39. Tempel der Bellona**
**40. Schola degli Hastiferi**
**41. Tempel der Magna Mater Heiligtum der Attis**

Porta Laurentina, die so heißt, weil sie in die Straße mündet, die nach Laurentum führte, verfügt noch über einen sichtbaren Teil einer der beiden Türme aus Tuff-Quadersteinen und über einen beträchtlichen Abschnitt der Ummauerung des Sulla. Auf dem tiefergelegenen Niveau des 1.Jh.v.Chr. gelegen, scheint auch sie heute überlagert und erdrückt von den Bauten aus dem 2.-3.Jh.n.Chr. Ungefähr hundert Meter außerhalb des Tors gelegen erstreckt sich eine umfangreiche Nekropolis, die sog. *necropoli dei Claudi*.

Die Innenseite des Tores bilden, zusammen mit der Stadtmauer des Sulla, die Thermen del Faro (des Leuchtturms) und der Cardo Maximus, sowie eine dreieckige Fläche namens Campo della Magna Mater, wo sich einige Tempel und Kultorte befanden.

Der Tempel der Bellona (39), der Kriegsgöttin, liegt unmittelbar hinter dem alten Tor. Ihm unmittelbar vorgelagert befindet sich ein Mauerring und eine der Schola degli Hastiferi (40) vorbehaltene Fläche. Die Mitglieder dieser religiösen Vereinigung waren für den Kult der Kriegsgöttin zuständig.

Auch andere kleine Heiligtümer liegen in dieser Gegend, darunter das Heiligtum der Attis, vor dem sich zwei schöne *Telamones* in den Kleidern des Pan befinden. Hier wurden orientalische Kulte zelebriert, die vor allem im 3.Jh.n.Chr. mit ihren üppigen und malerischen Ritualen sehr beliebt waren. Am obersten Ende des Platzes erheben sich das Podium und ein Teil der Mauer der Cella des der Magna Mater geweihten Tempels, deren Kult unter den Bewohner Ostias eine große Anhängerschaft besaß.

**DAS LAURENTINATOR**
E - Das Tor
F - Türm aus Tuffquadersteine
G - Mauerwerk von Sulla
H - Tempel der Bellona
I - Schola der Hastiferi
L - Heiligtum von Attis
M - Heiligtum
N - Heiligtum
O - Feld der Magna Mater
P - Tabernae

*S. 27 (Oben) Am Cardo Maximus gelegene Färberei/Wäscherei.*
*S. 27 (Unten) In der Via degli Augustali gelegene Färberei/Wäscherei.*
*S. 27 (Unten rechts) Mithräum des Felicissimo. Fußbodenmosaik.*

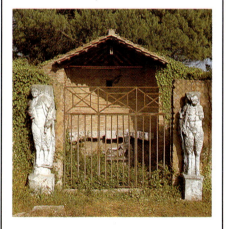

*S. 28 (Oben) Domus der Fortuna Annonaria. Raum mit Nymphäum.*
*S. 28 (Unten) Domus der Fortuna Annonaria. Latrine.*
*(Links) Nekropolis der Claudien. Heiligtum der Attis. Vorderansicht.*

### 43. Thermen des Leuchtturms

Die aus der Zeit Trajans stammende Anlage hat verschiedene Veränderungen und Umbauten erfahren. Gleich am Eingang stößt man auf eine *taberna* (Geschäft) mit einer schönen polychromen Marmortheke. Einige Meter weiter befindet sich auf der linken Seite das *Frigidarium* mit einem seltsamen schwarz-weißen Mosaik, das vermutlich den großen Leuchtturm Ostias inmitten eines von Fischen, Seewesen mit dem Kopf eines Widders, einem Stier, einer Löwin, einem Greif, usw. bevölkerten Meeres darstellen soll. Ein nach den Restaurierungsarbeiten mit einem Dach versehener Raum enthält ein mit Marmor verkleidetes Becken und ein Freskengemälde, das eine Nereide auf einem Stier darstellt. Man beachte an der gleichen Wand auch die verschiedenen Überlagerungen des Verputzes, die auf die Langlebigkeit und diversen Modernisierungen dieser Thermalanlage schließen lassen.

### 46. Caupona del Pavone (Wirtshaus zum Pfau)

Seinen Namen hat es nach einer in eine Nische gemalten Abbildung eines Pfaus erhalten. Es handelt sich um eines der wenigen Gasthäuser mit Zimmer, die in Ostia mit Sicherheit identifiziert werden konnten. Ein älteres Gebäude wurde zu diesem Zweck umgebaut und bestand dann aus zwei Stockwerken. Im Erdgeschoß befindet sich gleich nach dem Eingang eine kleine Latrine. Kurz danach befindet sich auf der rechten Seite ein mit Wandmalereien versehener hübscher Raum, der von einem Ausschank und Konsolen, auf denen die Speisen dargeboten wurden, beherrscht ist. Eine kleine Tür führt in einen winzigen Raum, der mit die Musen darstellenden Figuren ausgemalt ist. Für die Gäste gab es einen kleinen Innenhof mit einer rundherum verlaufenden Theke. Das obere Stockwerk enthielt die Gästezimmer.

Angesichts der Tatsache, daß Ostia eine Hafenstadt war, erstaunt die geringe Anzahl von Gasthäusern dieser Art, auch wenn diese, wie wir von vielen Schriftstellern der Antike wissen, nur von den untersten Schichten der Bevölkerung besucht wurden, da die Reichen und Adligen bei ihren Reisen in den wohlhabenden *domus* oder *insulae* der Stadt beherbergt wurden und von Scharen von Sklaven auf ihren Reisen versorgt wurden.

### 47. Domus dei Pesci (der Fische)
### 48. Domus delle Colonne (der Säulen)
### 49. Ninfeo degli Eroti

An der Straße Via della Caupona del Pavone liegen zwei zeitlich spät zu datierende *domus:* das Domus dei Pesci (47) und das Domus delle Colonne (48). Beide entstanden gegen Ende des 3.Jh.

Hervorzuheben ist in der Villa der Fische der triklinische Raum, dessen schwarz-weißer *Mosaikboden* Abvierungen und verschiedene Symbole aufweist. Einige aus späterer Zeit stammende Becken verzieren das mit Pfeilerhallen umgebene Peristyl, auf das ein kleines Zimmer, das jetzt mit einem Dach versehen ist, hinausgeht, und das sich eines ansehnlichen, farbigen Fußbodens in *opus sectile* rühmen kann, der Marmorfliesen mit den Intarsien des Malteserkreuze aufweist. Der kleine Hauseingang ist mit einem polychromen Mosaik verziert, in dessen Mitte ein Kelch und ein Fisch abgebildet sind. Diese Symbole lassen darauf schließen, daß das Haus einer reichen christlichen Familie gehörte.

Das Domus delle Colonne ist mit einem bunten *Mosaikboden* ausgestattet, der die Charakteristiken der Fußbodentechnik der späten Kai-

serzeit aufweist. Der Haupteingang des *domus* liegt am Cardo Maximus, wo sich etwas weiter ein helles Nymphäum, das sog. Ninfeo degli Eroti (49) befindet, das aus der gleichen Zeit stammt. Sowohl der Fußboden des Nymphäums als auch die Wände mit den schönen Säulennischen sind mit wertvollem Marmor verziert.

### 50. Thermen des Forums

Die große, *Terme del Foro* genannte Anlage liegt im Osten des Forums. Diese Thermen sind vom Ausmaß her die größten Ostias. Sie stammen aus dem 2.Jh.n.Chr. und wurden in der späten Kaiserzeit mehrmals restauriert. Die eindrucksvolle Anlage wurde von einer großen trapezförmigen Palästra mit Säulenhallen und Mosaikböden umgeben, und besaß im Südosten ein elyptisches *laconicum* (Dampfbäder) und ein *calidarium* (heiße Wasserbäder). Diese Räume bezogen ihr Licht durch riesige Fenster. Ein unterirdischer Gang, der in das komplizierte Geflecht des Grundrisses verwoben war, gestattete den Bediensteten der Thermen, die Heizungen anzustellen
Etwas weiter kann man in diesem unterirdischen Gang die Öfen unter den Fußböden der Säle entdecken und die *hypocausta*, in denen die Wärme geleitet wurde. An den Wänden angebrachte Reste von Rohrleitungen dokumentieren dieses geniale Heizsystem. Die Fundamente von vier großen Heizkesseln zur Heißwasser-und Dampferzeugung sind noch auf der nord-östlichen Seite des Gebäudes zu sehen. Das *frigidarium* lag in einem geräumigen, reich ausgeschmückten Saal, von dessen Existenz nur noch einige Fragmente von Cipollinsäulen und eine Konsole zeugen.

S. 30 (Links) Thermen des Leuchtturmes. Frigidarium.
S. 30 (Rechts) Domus dei Pesci (der Fische). Mosaik.
(Oben) Nymphäum der Eroten. Brunnen.
(Unten) Thermen des Forums. Blick von der Palästra aus.

**51. Forica** (öffentliche Toilette)
**52. Caseggiato dei Triclini**

Obwohl sich die *forica* (Latrine) innerhalb des Wohnblocks befindet, handelt es sich doch um eine öffentliche, den Passanten zugängliche Toilette. Sie besitzt mit einer anderen hausinternen Latrine zusammen eine gemeinsame Kanalisation und besteht aus einer um den ganzen Raum herumlaufenden Sitzreihe mit 20 Löchern. Ein kleiner Abflußkanal sorgte für höchstmögliche Hygiene. Die zwei kleinen Türen, die zu der Straße hin liegen, die das Forum mit einem kleinen Platz, dem sog. Foro della Statua Eroica, verband, waren in der Schwellenmitte verankert, so daß sie als eine Art von Drehtüren ein Minimum an privacy gewährleisteten. (A)

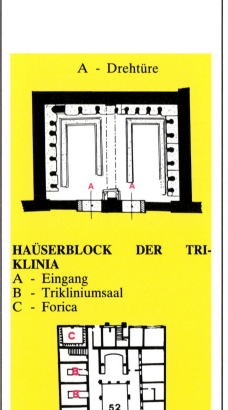

**HAÜSERBLOCK DER TRIKLINIA**
A - Eingang
B - Trikliniumsaal
C - Forica

# Forum

**53. Kapitol**
**54. Tempel der Roma und des Augustus**

Um das Forum, Zentrum des politisch-religiösen Lebens und pulsierendes Herz des alltäglichen Stadtlebens, errichten zu können, wurde ein Großteil der alten Anlage des *castrum*, von dem nur noch bescheidene Zeugnisse erhalten geblieben sind, niedergerissen. Die wie alle römischen Foren rechteckige Anlage wurde in den Jahren 20-25 n.Chr.geplant, also zu einer Zeit, in der der Tempel der Roma und des Augustus erbaut wurde. Gleichzeitig oder kurz danach errichtete man auch die Basilika und die Kurie, Sitz des ostiensischen Senats. Erst in den Jahren um 125 n.Chr. ließ Hadrian einen kleinen Tempel niederreißen und an seiner Stelle das eindrucksvolle Kapitol erbauen, an dessen Seiten sich zwei große Säulenhallen befinden, unter denen die Bürger an Regentagen Zuflucht finden konnten. Das den drei kapitolinischen Gottheiten Jupiter, Juno und Minerva geweihte *Capitolium* war vollständig mit wertvollem Marmor verkleidet. Heute noch kann man an der Seitenwand die von den Bronzekrampen verursachten Löcher sehen. Einige Fragmente des Gebälks des Tempels sind heute an der Mauer zu sehen, die den rechten Portikus begrenzt. Die Überreste der großen rechtwinkligen Cella mit ihren hohen Nischen haben immer den Ruinenhaufen überragt, zu dem die Stadt später geworden war.

Von dem älteren Tempel der Roma und des Augustus sind nur noch die Fundamente des Podiums und die schöne Stirnseite aus Marmor erhalten.

*P. 32 (Oben) Casa der Diana.*
*S. 32 (Mitte) Caseggiato dei Triclini. Die Latrine.*
*S. 32 (Unten links) Kapitol. Überreste des Gesimses.*
*S. 32 (Unten rechts) Das Forum. Überreste der Marmorverkleidung des Tempels der Roma und des Augustus.*
*(Oben) Das Kapitol. Vorderansicht.*
*(Unten) Das Forum. Überreste des Tempels der Roma und des Augustus.*

**DAS FORUM**

A - Capitolium
B - Tempel von Roma und Augustus
C - Überreste der Marmorverzierung des Tempels von Roma und Augustus
D - Überreste der Marmorverzierung des Capitoliums

## 55. Thermopolium (antikes Gasthaus)

Der schöne Häuserblock, der sich auf der linken Seite der Via della Casa di Diana hinzieht, verfügt noch über die hölzernen Balkone des ersten Stocks, wo sich die antiken Ostienser gerne an schwülen Sommerabenden aufhielten, um die frische Luft zu genießen. Etwas weiter sieht man einen von Travertinkonsolen gestützten Balkon der mit drei Tonnengewölben die Eingänge zum Thermopolium (55) umrahmt. Der Wohnblock und die antike Bar mit Schnellimbiß stammen aus dem Jahr 125 n.Chr., wurden aber in der späten Kaiserzeit mehrfach umgebaut.

Ein schöner Marmortresen befindet sich am Eingang der Bar, der sowohl für eilige Kunden von der Straße her als auch für die Gäste im Lokalinneren zugänglich war. Dort wurden Getränke und warme und kalte Speisen serviert, von denen die bekanntesten, neben dem frischen Wein aus dem Keller, heißer Wein mit Honig, Pizzas aus Gemüsemehl und Würste waren. In dem mit einfachen Fresken versehenen mittleren Raum kann man über einem mit Konsolen ausgestatteten Tresen ein Stilleben erkennen, das vermutlich die damals beliebtesten Speisen darstellt. Im rechten Raum zeugt ein kleiner Ofen von der Anspruchslosigkeit, mit der die warmen Speisen zubereitet wurden. Ein in den Boden eingelassenes großes *dolium* diente vermutlich zur Aufbewahrung des Öls für das Frittieren. Der linke, mit Mosaiksteinen ausgelegte Raum diente als Gastzimmer.

## 56. Tor und Stadtmauer des Castrum

Das gegen das Ende des 4.Jh.v.Chr. in Tuffmauerwerk erbaute *castrum* hat einen rechteckigen Grundriß von 194×125,70 Metern. Vier aus einem Bogen bestehende Tore öffneten sich ein jedes genau in der Mitte der vier Seiten. Zwei Straßen (der Decumano Massimo und der Cardo Massimo) kreuzten sich in der Mitte und teilten so die Innenfläche in vier gleiche Teile auf.

Die heute noch sichtbare antike Via Ostiense verlief bis zum Osttor des *castrum*, von wo ab sie dann zum Decumanus Maximus wurde. In der Mitte des *castrum*, wo sich heute das *Capitolium* erhebt, kann man noch in einem offen gelassenen Graben die Überreste der Fundamente des alten Cardo und Grundmauern aus Tuff der antiken republikanischen Anlagen sehen.

Zunächst aus der Notwendigkeit entstanden, die Tibermündung zu verteidigen und einen Militärstützpunkt Roms an der Küste zu besitzen, wurde das *castrum* bald schon von Wohnanlagen umgeben.

Zwischen der Hälfte des 2.Jh. und dem 1.Jh.v.Chr. entstanden immer mehr Geschäftsbauten und herrschaftliche *domus* mit Atrium und Peristyl. Allmählich verlor sich die Funktion einer Festungsstadt vollständig und man begann sogar, neue Gebäude direkt an die alte Stadtmauer anzubauen.

57. **Caseggiato del Molino**
58. **Sacello del Silvano**
59. **Casa di Diana**
60. **Mithräum des Lucrezio Menandro**

Von besonderem Interesse ist das "Casa di Diana" (59) genannte Gebäude. Ursprünglich auf drei oder vier Stockwerke hin angelegt, erreichte es vermutlich ein Höhe von 18 Metern, was dem Höchstmaß der von den römischen, unter Trajan erlassenen Gesetzen für den privaten Wohnungsbau genehmigten Höhe entsprach. Das Gebäude aus den Jahren 130-140 n.Chr. stellt die typische *insula* dar, die aus mehreren Wohnungen (*cenacula*) besteht. Es besteht im Erdgeschoß aus Läden mit Halbgeschoßen, in denen die Ladeninhaber und Angehörige der untersten Volksschicht lebten. Treppenaufgänge führten zu den oberen Stockwerken, wo man den Grundriß komfortabler Wohnungen für die Mittelschicht erkennen kann.

Ein Balkon verläuft über die ganze Fassade des ersten Stocks dieses Mietshauses.

Wenn man das Haus über den Flur im Erdgeschoß betritt, kann man hinten rechts einen Raum erkennen, der ursprünglich als Toilette benützt wurde. Dahinter öffnet sich auf der linken Seite der rechteckige Innenhof des Gebäudes, der eine Zisterne und ein Wasserbecken für die Mieter aufweist. Eine an der linken Wand angebrachte Tontafel mit *Diana als Jägerin* hat dem Haus seinen Namen verliehen. Im dunklen, hinteren Teil des nach Norden gelegenen Zimmers war ein bescheidenes Mithräum untergebracht, von dem die zwei *podia* für die Gläubigen und ein Altar, auf dem das Bildnis des Gottes Mithras aufgestellt war, zu sehen sind.

Rechts von der Casa di Diana liegt das aus der gleichen Zeit stammende Mietshaus "der Mühle" (57), das in einem großen Raum noch an Ort und Stelle die Mühlsteine und Ölmühlen enthält.

Zwischen den beiden Häuserblocks befindet sich ein kleines Heiligtum, del Silvano benannt (58), wo noch Spuren von Wandmalereien erhalten sind.

Auf der nord-westlichen Seite der beiden Gebäude gelangt man zu einem schönen Haus, in dessen Innerem ein Mithräum, das sog. mitreo di Lucrezio Menandro (60) erhalten ist.

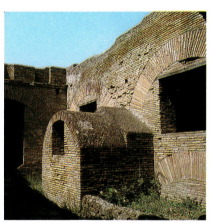

*P. 34 (Links oben) Wandmalerei. Ausschnitt.*
*(Links unten) Wandmalerei. Ausschnitt.*
*(Rechts oben)* Thermopolium. *Innenseite.*
*(Rechts unten)* Thermopolium. *Fassade.*
*P. 35 (Links oben) Casa der Diana. Die im Innenhof gelegene Zisterne.*
*(Rechts oben) Caseggiato dei Molini. Mühlsteine.*
*(Links unten) Östtor des Castrum.*
*(Rechts unten) Casa der Diana. Altar des Mithräums.*

**Mietshäuser mit:**

**61. Insula di Giove e Ganimede**
**62. Insula di Bacco Fanciullo**
**63. Insula dei dipinti**
**64. Casa dei Dolii**

Dies ist eines der abwechslungsreichsten "Appartementhäuser", über die Ostia verfügt. Es wurde auf einem ehemaligen Gebäude, das bis zum Straßenniveau hinab abgerissen wurde, auf leicht erhöhten Fundamenten erbaut, wie man deutlich an dem der Straße zugewandten Mauerwerk erkennen kann. Es stammt aus den Jahren 128-138 n. Chr. und besaß drei oder vier Stockwerke (Die an der Stirnseite angebrachten Treppen bezeugen eine Höhe bis zu drei Stockwerken).

Es setzte sich in der rechten Erdgeschoßhälfte mit Blick auf die Casa di Diana (59) aus Läden und Halbgeschoßen zusammen, während sich auf der linken Seite weitläufige Acht-bis Zehn-Zimmer-Wohnungen mit aufwendig verzierten Wänden befanden, von denen die Insula di Giove e Ganimede (61) ein eindrucksvolles Beispiel darstellt. Auf der Nordseite wurde die Wohnanlage mit Nutzräumen abgeschlossen, darunter einem Vorratsraum für *dolii*, d.h. Tongefäße zur Aufbewahrung von Öl und Wein. Der Innenhof, auf den die lichten dreibögigen Fenster der Luxuswohnungen hinausgingen, war mit einem mehrfarbigen Mosaik dekoriert, das allegorische Figuren der Monate darstellte. Es wird angenommen,

**65. Cardo Massimo**
**67. Via Tecta**
**68. Piccolo Mercato**
(kleiner Markt)

Die Gebäude, die am Cardo Massimo (65), einer quer zum Decumano Massimo verlaufenden Straße, liegen, wurden wie alle Bauwerke in

(Oben) Caseggiato dei Dolii. Lagerraum.
(Unten) Insula di Giove e Ganimede.

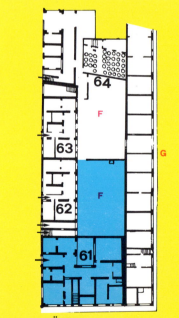

**MIETHAÜSER**
61 - Insula von Giove und Ganimede
62 - Insula von Bacco Fanciullo
63 - Insula der Gemälde
64 - Das Haus der Dolii
F - Der Hof
G - Tabernae
**Blau - Mosaik**

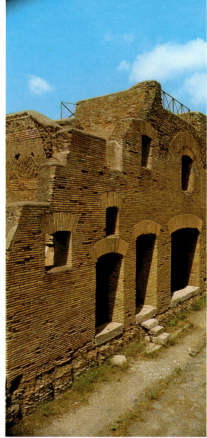

diesem Viertel unter Hadrian im Jahre 120 n. Chr. neu aufgebaut und erweitert. Die hinter dem eindrucksvollen *Capitolium* abzweigende große Straße besaß zu beiden Seiten zwei lange Arkadengänge, in denen sich Läden und in den oberen Stockwerken Wohnräume befanden.

Links verläuft parallel dazu eine kleine Straße, die *Via Tecta* (67) genannt wird, und wo Gedenksteine und Votivtafeln gefunden und im Anschluß daran inventarisiert wurden, die uns Auskunft über das Leben der antiken Ostienser geben. Angrenzend an die Via Tecta erreicht man einen säulenbestandenen Innenhof, der zu einer großen *horrea* namens Piccolo Mercato (kleiner Markt) (68) gehört. Es handelt sich um einen recht gut erhaltenen Warenspeicher. Die Gewölbe der Celle der Südseite wurden im Zuge der Ausgrabungen im Jahre 1938 restauriert, um Platz zu schaffen für die Lagerung der archäologischen Funde.

**69. Kurie**
**70. Caseggiato del Larario**

Die Kurie, Sitz des Ostienser Senats, bildete zusammen mit der Basilika das öffentliche Bauwerk, das das Zentrum des politisch-gerichtlichen Lebens der Stadt darstellte. Von ihm ist so viel wie nichts mehr erhalten. Aus der aus Ziegel errichteten Außenmauer des Gebäudes kann man schließen, daß es einmal mit Marmorplatten verkleidet war. Der Häuserblock Caseggiato del Lario, der auf das Jahr 125 n.Chr. herum zurückgeht, ist aufgrund der Art seiner Nutzung von besonderem Interesse. Ein Eingang führt von der Straße in einen rechteckigen Innenhof, um den herum – und das stellt einen Sonderfall dar – ein Laden nach dem anderen, jeweils mit einem Halbgeschoß versehen, liegt.

(Oben) *Horrea Piccolo Mercato. Cellae.*
(Unten) *Caseggiato des Larario. Innenansicht.*

### 71. Domus del Tempio Rotondo
(Haus des Rundtempels)
### 72. Basilika
### 73. Tempio Rotondo
(Rundtempel)

Das zierliche und elegante *domus* (71) aus dem 2.-1.Jh.n.Chr. enthält in einigen Zimmern noch Spuren der Mosaikböden und in seinem Säulenhof ist noch ein kleines säulenbestandenes Peristyl erhalten, das mit einem schönen Wasserbecken bereichert ist.

Von der Basilika (72), dem Mittelpunkt des öffentlichen Lebens und Gerichtswesens, ist so viel wie nichts übrig geblieben.

Wie man aus den bescheidenen Überresten vermuten kann, war das Bauwerk einmal reich mit Marmor verziert, der im Mittelalter rücksichtslos ausgebeutet wurde, um Kalk daraus zu gewinnen. Spuren des Mamorfußbodens und ein Bogen des längs des Forums verlaufenden Portikus, der mit Basreliefs versehen ist, welcher mit Blumengirlanden haltenden Putten verziert ist, reichen aus, um uns eine Vorstellung von der Erhabenheit dieses Bauwerks zu vermitteln.

Gleich neben der Basilika steht der wunderbare Tempio Rotondo (73) aus dem 3.Jh.n.Chr., der sich mit seiner Kuppel vor einem weitläufigen Peristyl erhob, in dem während der religiösen Feier eine riesige Menschenmenge Platz fand.

### 75. Domus di Giove Fulminatore

Die in den Jahren 65-78 n. Chr. entstandene Villa weist eine Besonderheit auf: Die in die Ziegel ihrer Mauern eingepressten Stempel stammen aus der Brennerei eines gewissen L. Iulius Lesbius, der seine Ziegel zur gleichen Zeit auch für den Bau einiger Häuser in Pompeji und für die Errichtung des Kolosseums in Rom geliefert hatte.

*Domus del Tempio Rotondo (Haus des Rundtempels) Innenansicht.*
*S. 39 Taberna dei Pescivendoli (Fischladen) Verkaufstheke.*

**RUNDTEMPEL**
Rekonstruktionsquerschnitt

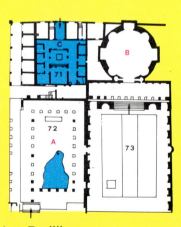

A - Basilika
B - Rundtempel
C - Das Haus des Rundtempels

**Blau - Mosaik**

**78. Macellum**
 (Lebensmittelmarkt)
**79. Tabernae dei Pescivendoli**
 (Fischläden)

Mit einem Marmorboden gepflastert, der eine Abflußrinne für das Schmutzwasser enthält, und mit einem schönen Brunnen in der Mitte, der über ständig reichlich fließendes Wasser verfügte: so frisch und appetitlich mußte das Macellum (78), der ostiensische Fleisch- und Lebensmittelmarkt, gewirkt haben.
Ein hohes Säulenpodium im Hintergrund diente vermutlich zur Darbietung der Waren. Er war sicher wie alle städtischen Märkte der Welt überfüllt mit schreiendem Volk, wenn ein Witzbold von damals als eine Art Rechtfertigung auf eine der Säulen des Podiums folgenden Satz geschrieben hat *Lese und wisse, daß auf diesem Markt viel geklatscht wird*.
Der Markt ist mit zwei tabernae der Fischverkäufer (79) verbunden, die mit schönen Marmortheken und einigen Wasserbecken für die frischen Fische ausgestattet sind.
Sowohl das *Macellum* als auch die *tabernae* der Fischverkäufer gehen auf das Ende des 1.Jh. bzw. Beginn des 2.Jh.n.Chr. zurück.

**80. Insula del Dionisio**
 (Insula des Dionysos)
**81. Insula dell'Aquila**
 (Insula des Adlers)
**82. Mitreo delle Sette Porte**
 (Mithräum der sieben Türen)
**83. Terme delle Sei Colonne**
 (Thermen der sechs Säulen)

Nach den Läden der Fischverkäufer (79) kommt man am Decumano Massimo an zwei *insulae* vorbei: der Insula des Dionysos (80) und der Insula des Adlers (81). Die beiden aus hadrianischer Zeit stammenden Wohnanlagen wurden in den Jahren 125-130 n.Chr. erbaut und in den fünfziger Jahren des 3.Jh.n.Chr. restauriert.
Auf einem hinter der Insula dell'Aquila gelegenen Gelände ist noch ein Mithräum erhalten, das sog. Mitreo delle Sette Porte (der sieben Türen) (82), das einen schönen Garten darstellende Fresken aufweist.
Die beiden *insulae* grenzen an die Thermen der sieben Säulen (83), von denen noch das *frigidarium* und die Becken des *calidarium* erhalten sind.

**84. Schola del Traiano** (des Trajan)
Eine schöne halbrunde Exedra mit Marmorfußboden und ursprünglich mit Säulen und Statuen geschmückt, bildete den prachtvollen Eingang zu diesem Sitz einer Handelsvereinigung, der im 2.Jh.n.Chr. auf einem Gelände errichtet wurde, auf dem sich vorher ein *domus* mit Atrium und Peristyl befunden hatte. Das Gebäude besitzt einen großen säulenbestandenen Innenhof, in dessen Mitte ein langes Becken liegt. Im hinteren Teil befindet sich ein aus späterer Zeit stammendes, helles Triklinium (Speisesaal) mit gedrehten Säulen und einem schönen schwarz-weißen Mosaik.

Im linken Flügel des Innenhofs wurde ein kurzer Abschnitt des Peristyls des *domus* aus dem 1.Jh.v.Chr. wieder aufgebaut. Besonders sehenswert ist der Innenraum des *domus*, dessen Mosaikboden eine geometrische Komposition mit kleinen Mustern aufweis.
In der *schola* wurde die Statue des Kaisers Trajan mit Brustpanzer aufgefunden (das Original befindet sich heute im Museum). Dieser Fund hat zur Vermutung geführt, daß die *schola* der Zunftvereinigung der Schiffschmiede gehörte, die Trajan als den Erbauer der Schiffswerften und der erweiterten Hafenanlagen besonders verehrten.

**86. Portico della Fontata a Lucerna** (Portikus der Fontana a Lucerna)

Das lange Gebäude mit der Pfeilerhalle, das den Decumano Massimo entlang bis fast zur Porta Marina hin verläuft, trägt seinen Namen nach dem zierlichen Marmorbrunnen auf der Straße. Dieser große Bau aus dem Jahre 125 n.Chr. beherbergte im Erdgeschoß unter den Pfeilerhallen Geschäfte und im Hochparterre Wohnungen. Er wurde auf den Resten einer vorangegangenen Säulenhalle errichtet,

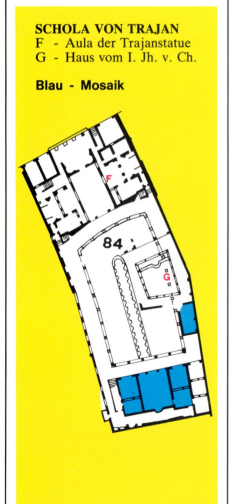

**SCHOLA VON TRAJAN**
F - Aula der Trajanstatue
G - Haus vom I. Jh. v. Ch.

**Blau - Mosaik**

(Oben) Schola des Trajan. Innenhof mit Brunnen.
(Unten) Caseggiato der Fontana a Lucerna. Brunnen.

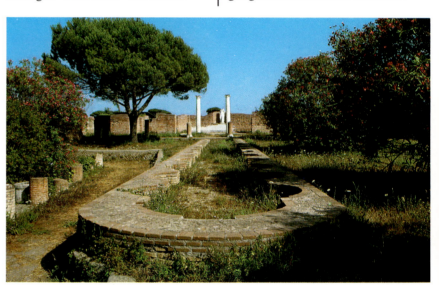

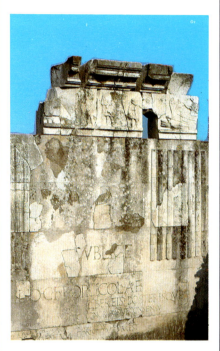

*(Links) Überreste der Türe und Eingang zur Caupona des Alexander Helix.*
*(Rechts) Grabmonument des Cartilius Poplicola.*

**87. Caupone di Alexander Helix** (Gasthaus des Alexander Helix)

**88. Porta Marina**

Porta Marina war das Stadttor, das zur Küste hin lag, die damals runde hundert Meter danach begann. Von ihm sind nur noch einige Tuffquader und Spuren der alten Pflasterung erhalten. Die von Sulla im Jahre 79 v.Chr. erbaute Befestigungsmauer reichte nicht aus, um den Piratenangriffen der Kiliker im Jahre 67 v.Chr. Einhalt zu gebieten, die zur Zerstörung der im Hafen von Ostia vor Anker liegenden römischen Flotte und zu beträchtlichen Beschädigungen der Stadtanlagen führten. Sowohl die Stadtmauer als auch die Tore wurden zu Beginn des 1.Jh.n.Chr. wieder instandgesetzt, aber nur wenig mehr als hundert Jahre danach wurde eben diese Stadtmauer zur Zeit Hadrians von den Ostiensern selbst ihrer Funktion beraubt, die darauf öffentliche und private Bauten errichteten. Diese Bautätigkeit entwickelte sich unter dem Schutz der enormen militärischen Expansion der Römer, die die Grenzen des Reichs bis zu fernen Küsten hin ausgedehnt hatte.

Auf einen der beiden Türme, die sich zu beiden Seiten des Tores erhoben hatten, baute man in der zweiten Hälfte des 2.Jh.n.Chr. sogar eine Gastwirtschaft, die nach einem in einen Mosaikboden eingeschriebenen Namen Caupona di Alexander Helix (87) genannt wird. In dieser Schänke, die wohl im 3.Jh.n.Chr. restauriert wurde, ist noch ein gut erhaltener Schanktresen und ein Becken vorhanden. Auf dem *Mosaikboden* sind drei kleine, voneinander getrennte Szenen dargestellt: eine Venus mit einer Amorette, zwei Ringkämpfer, im stolzen Kampf begriffen, und zwei Tänzer.

**89. Monumento Sepolcrale** (Grabmonument)
**90. Santuario della Bona Dea** (Heiligtum der Bona Dea)
**91. Domus Fulminata** (Vom Blitzschlag gestroffenes Haus)
**92. Tomba di Cartilio Poplicola** (Grab des Cartilius Poplicola)

**95. Domus**

Jenseits der Porta Marina liegt eine Ansammlung verschiedenster Bauwerke, die zunächst verwirrend wirken mag. Es gilt als sicher, daß dieser außerhalb des Stadttors gelegene Teil der Stadt seit der Errichtung der Befestigungsmauer unter Sulla, wie übrigens auch die außerhalb der anderen Tore gelegenen Gelände, als Begräbnisstätte benützt wurde. Die zwei an diesem Ort aufgestellten Grabmäler sind dafür ein Beweis (89, 92). Aber das direkt dem Strand zu liegende Gelände muß wohl zu schön und einladend gewesen sein, als daß man es nur zu diesem traurigen Zweck nutzen wollte. So wurden schon gegen Ende des 1.Jh.n.Chr. an der Verlängerung des Decumano außerhalb des Tors zwei schöne *domus* (91, 95) und ein der Bona Dea geweihter Tempel errichtet (90). Umfangreichere Bauten wie das hübsche Forum gleich links hinter dem Tor und eine Reihe von Geschäfte und Wohnungen enthaltende Gebäude kamen im 2.Jh. hinzu. Desweiteren wurde die große Thermenanlage der Marciana (93) und ein anderes eindrucksvolles Bauwerk, Prospetto al Mare, d.h.Meeresblick genannt, welches den äußersten Punkt der städtebaulichen Ausdehung zum Strand hin darstellt, errichtet. Im Zuge von Ausgrabungsarbeiten an einem Platz längs der modernen Straße wurde hier in den sechziger Jahren ein wunderbares Beispiel eines *opus sectile* aufgefunden, das zweifellos das wertvollste Werk darstellt, welches die Ausgrabungen zutage gefördert haben. In dieser aus der späten Kaiserzeit stammenden, arabisch ammutenden Marmorarbeit zeigt sich die Kunst der Steinmetze vor allem in der ausgezeichneten Figurendarstellung. Unter anderem ist dort auch das Bildnis eines bärtigen, segnenden Mannes dargestellt, der angeblich Christus darstellen soll.

Von den beiden an der Straße liegenden *domus* ist das Domus Fulminata (91) zweifellos das interessantere. Sein Name rührt von einem Blitzeinschlag her, an den ein im Inneren aufgefundenes kleines Grabmal erinnert. Es verfügt über ein äußeres Triklinum, das im Peristyl des Hauses untergebracht ist und einen Sonderfall in Ostia darstellt. Die Neubauentwicklung und die in der späten Kaiserzeit erfolgten Restaurierungs-und Erweiterungsarbeiten haben die beiden Grabmäler mit Absicht verschont, woraus man auf die Verehrung schließen kann, die die antiken Ostienser diesen beiden Persönlichkeiten entgegenbrachten.

Das gleich außerhalb der Porta Marina gelegene Grabmal (89), das mit einer Apsis versehen ist, wurde um 30 v.Chr. in Travertinblöcken errichtet und ist aufwendig ausgearbeitet. Ein schöner Rammsporn eines römischen Schiffes läßt darauf schließen, daß es für eine im Seehandel tätige, bedeutende Persönlichkeit erbaut wurde. Sehenswert ist auch das Grabmal des C. Cartilius Poplicola, eines hohen politisch-militärischen Würdenträgers der Stadt Ostia, der in der zweiten Hälfte des 1.Jh.v.Chr. gelebt hatte.

### 93. Terme della Marciana (Thermen der Marciana)

Die Thermen erstreckten sich längs der Via Severiana kaum zehn Meter vom Meer entfernt. Sie wurden Ende des 2.Jh.n.Chr. auf einem vorangegangenen Bauwerk angelegt. Der schöne Ziegelbau bietet den Besuchern noch heute einen lebendigen Eindruck seiner ehemaligen Würde.

Der große Saal mit dem *Frigidarium*, von dem noch zwei Pfeiler der Apsis eines Beckens eindrucksvolle Zeugen darstellen, besaß eine Seitenlänge von über 14 Metern. In einem kleinen angrenzenden Raum, der vermutlich als Umkleideraum (*apodyterium*) diente, wurde kürzlich ein wunderbares schwarz-weißes Mosaik ans Tageslicht gebracht, auf dem mit großer Kunstfertigkeit Athleten dargestellt sind, deren Haltungen jeweils die verschiedenen sportlichen Disziplinen der damaligen Zeit wiederspiegeln. In der Mitte sind Sportgeräte, Waffen und Trophäen abgebildet. Die Anlagen des *Calidarium* befinden sich auf der Süd-Westseite der Anlage, die auf die Via Severiana hinaus geht. Bis über das 5.Jh. hinaus wurde diese Thermalanlage wiederholt restauriert.

### 94. Synagoge

Die im Zuge der Ausgrabungen von 1961 freigelegte Synagoge stand zwischen der Via Severiana und der damaligen Küste. Sie wurde im 1.Jh.n.Chr. erbaut und bis über das 4.Jh.n.Chr. hinaus ständig um-und ausgebaut. Sie wurde in der späten Kaiserzeit mit vier Säulen und Kompositkapitellen ausgeschmückt und weist heute noch Spuren eines Mosaikbodens auf. Im großen Saal befindet sich eine Ädikula mit Apsis, in der zwei von kleinen Säulen getragene Konsolen siebenarmige Leuchter darstellen. An diesem Ort wurde der Schrein mit der Thora aufbewahrt. Ein angrenzender Raum ist mit einem Tisch und einem Backofen ausgestattet, vermutlich wurde dort das ungesäuerte Brot zubereitet.

S. 42 Grabmonument.
*(Oben links) Thermen der Marciana. Reste der Apsis des Frigidariums.*
*(Unten links) Thermen der Marciana. Athleten darstellendes Mosaik.*
*(Oben rechts) Synagoge. Konsolen mit Leuchtern.*
*(Unten rechts) Synagoge. Gesamtansicht.*

**96. Domus del Ninfeo** (Domus des Nymphäums)

Angrenzend an das Haus der Dioskuren erhebt sich das schöne dreibogige Fenster des Domus del Ninfeo aus dem 4.Jh.n.Chr. Es besitzt ein Nymphäum, in dessen Nischen im Altertum Statuen standen und über dessen Marmorverzierung sich erbauliche Wasserspiele ergossen.

**97. Domus dei Dioscuri** (Domus der Dioskuren)
**98. Insula del Graffito** (Insula der Wandschriften)
**99. Insula delle pareti gialle** (Insula der gelben Wände)
**100. Insula delle Muse** (Insula der Musen)
**102. Case giardino** (Häuser mit Gartenanlagen)

Es handelt sich hier um eine eindrucksvolle und architektonisch interessante Wohnanlage, die unter all den ähnlichen Anlagen in Ostia wegen ihrer Funktionalität und ihres zukunftsweisenden Charakters hervorsticht. Der aus der Zeit Hadrians (125 n.Chr.) stammende Komplex weist auf eine Verände-

A - Insula der Musen
    *Insula der gelben Wände*
B - Insula der Graffitomalerei
C - Tabernae
D - Insula der Dioskuren
E - Haupteingang den Gartenanlagehaüsern

**Blau - Mosaik**

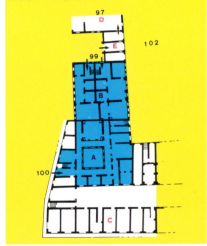

(Oben) Domus des Nymphäums. Dreibogiges Fenster.
(Mitte) Insula der Musen. Wandschmuck eines Raums.
(Unten) Insula der Musen. Haupteingang.
S. 45 (Oben) Domus der Dioskuren. Polychromes Mosaik des Hauptsaals.
S. 45 (Unten) Domus der Dioskuren. Polychromes Mosaik eines kleineren Raums.
S. 45 (Unten rechts) Domus der Dioskuren. Nereide auf dem Rücken eines Meerungeheurs (Ausschnitt).

rung des Geschmacks und der Wohnbedürfnisse der wohlhabenden Ostienser dieser Zeit hin. Vielleicht war es mittlerweile zu aufwendig geworden oder Zeichen überholten Geschmacks, ein reiches *domus* mit Atrium und Peristyl zu besitzen, von mächtigen Mauern umschlossen, die das Haus von der Außenwelt abschirmten. Sicher ist, daß in Ostia diese neuartigen Wohnanlagen, modernen Appartementhäusern vergleichbar, errichtet wurden, die mit mehreren luxuriösen *insulae* mit großen und lichten zwei- oder dreibögigen Fenstern ausgestattet waren, die auf einen Gemeinschaftsgarten hinausgingen, zu dessen Unterhaltung alle reichen Besitzer oder Mieter gleichermaßen beitrugen. Diese *insulae* sind mit schwarz-weißen Mosaiken, die geometrische Motive mit aufregenden perspektivischen Effekten aufweisen, und zarten Wandmalereien, auf denen sanfte Abvierungen bunte Vögel und kleine Bilder oder Figuren einrahmen, verziert.

Von diesen schönen *insulae* kann man nur noch die auf der Südseite gelegene besichtigen, die Domus dei Dioscuri (97) genannt wird (die anderen sind nicht zur Besichtigung freigegeben), die jedoch in der späten Kaiserzeit eingreifende Restaurierungen und Veränderungen erfahren hat, infolge derer die Innenausstattung nicht mehr dem ursprünglichen Entwurf entspricht. Von einigem Wert ist noch das große polychrome Mosaik aus dem 4.Jh., auf dem in Anlehnung an die Thermalmosaike des 2.Jh. Tritonen und Nereiden dargestellt werden.

## 101. Insula delle Volte Dipinte (Insula der bemalten Gewölbe)

Das aus der hadrianischen Zeit stammende und später umgebaute Gebäude weist sowohl interessante als auch ungewöhnliche Aspekte auf. Es besteht aus zwei Stockwerken. Das Erdgeschoß ist in seiner Länge durch einen schmalen Gang unterteilt, and dem entlang kleine Zimmer liegen. In der nördlichen Ecke des Baus ist eine *taberna* mit einer schönen Theke untergebracht. Eine äußerst gut erhaltene Treppe führt auf der Nord-Ostseite zum zweiten Stock hinauf, wo man noch gut einen als Küche benützten Raum mit einem Steintisch und bestens erhaltenen Öfen erkennen kann. Die Funktionalität dieser Küche wird noch unterstrichen durch einen Schmutzwasser-Abfluß, der an dem der Lichtzufuhr dienenden Fenster angebracht ist. Ein kleiner, rechteckiger, mit zerstampften Tonscherben verputzter Raum, der entweder als Wasserreservoir oder als Badewanne zu dienen schien, vervollständigt den Flügel der Nutzräume. Der restliche Teil des ganzen zweiten Stockwerks wird von nicht näher identifizierbaren Zimmern mit Spuren von Wandmalereien eingenommen.

Diese *insula* wurde anläßlich späterer Umbauten in ein *lupanare* (Freudenhaus) verwandelt. Wandmalereien und Wandinschriften geben eindeutig Anlaß zu dieser Annahme.

## 103. Terme Marittime

Das Thermengebäude aus hadrianischer Zeit ist um einen Teil der Stadtmauer des Sulla herumgebaut. Sehenswerte schwarz-weiße Mosaike stellen Meeres-Gottheiten dar.

## 105. Tempio dei Fabbri Navali (Tempel der Schiffschmiede)

Der auf das 3.Jh.n.Chr. zurückgehende Tempel befindet sich auf einem abgeschlossenen Gelände der Corporazione dei Fabbri Navali (Zunftvereinigung der Schiffschmiede). Auf dem ihn umgebenden Komplex wurden 43 grob gehauene Säulen und einige Kapitele bei Ausgrabungen freigelegt, die sich immer noch dort befinden.

(Oben) Insula der bemalten Gewölbe. Süd-Westseite des Gebäudes.
(Unten) Christliche Basilika. Innenansicht.

*(Oben) Casa des Serapis. Panorama-anblick.*
*(Unten) Thermen der Sieben Weisen. Rundsaal.*

### 106. Christliche Basilika

Das Bauwerk ist aus einem Umbau einer angrenzenden Thermenanlage der späten Kaiserzeit entstanden. Wenig glaubwürdig scheint die Annahme einiger Wissenschaftler, daß es sich um eine den Heiligen Petrus, Paulus und Johannes dem Täufer geweihte Basilika der konstantinischen Zeit handelt. Einige nicht sehr eindeutige Inschriften lassen darauf schließen, daß sie eher als Saal für eine Katechismusschule oder als Versammlungssaal der Christengemeinde diente.

### 108. Casa del Serapide (Haus des Serapis)

Von diesem unter Hadrian im Jahre 120 n.Chr. erbauten Gebäude sind noch die Arkaden des Innenhofs mit verputzten Pfeilern erhalten. Eine Treppe auf der linken Seite des Portikus führt zum zweiten Stock hinauf, wo man jetzt von einer Terrasse aus einen wunderbaren Panoramablick über die ganze Stadt und bis zum nicht sehr weit entfernten Tiber haben kann. Vom Portikus aus erreicht man die Thermen der Sieben Weisen (109).

### 109. Terme dei Sette Sapienti (Thermen der Sieben Weisen)

Gleich nach dem Säulenhof der Casa del Serapide (108) betritt man die Thermenanlage der Sieben Weisen. Auf der linken Seite liegt ein großer Rundsaal, der einmal mit einer Kuppel bedeckt war. Auf der Nordseite kann man noch Spuren der Einfassung der Kassettendecke erkennen. Auf einem großen schwarz-weißen Mosaik, mit dem der Boden des Raums ausgelegt ist, sind Jagdszenen dargestellt.
Ein Bogen, der noch Spuren eines Mosaiks aus bunter Glaspaste trägt, führt in ein neben der Wanne liegendes Vestibül. Hier kann man noch sehr gut erhaltene Fresken an den Wänden erkennen, auf denen die Sieben Weisen dargestellt sind, zusammen mit ihren Namen und sehr freimütigen Ratschlägen bezüglich einer guten Verdauung.

Wenn man in Richtung Süden weitergeht, erreicht man die benachbarte Casa degli Aurighi (110).

110. **Casa degli Aurighi** (Haus der Wagenlenker)
111. **Sacello delle Tre Navate** (Heiligtum der drei Schiffe)

Dieser große Wohnblock wird nach den im Flur des Erdgeschosses aufgefundenen Fresken, auf denen zwei Wagenlenker abgebildet sind, so benannt. Es handelt sich hier zusammen mit den angrenzenden Thermen der Sieben Weisen (109) und dem Haus des Serapis (108) um eine der, was ihre Höhe betrifft, besterhaltenen Ruinen der Stadt. Die mehr als zehn Meter hohen Pfeilerbögen, die den Innenhof begrenzen, vermitteln uns fast vollständig ein Bild des drei Stockwerke hohen Gebäudes.

Die um 120 n.Chr. unter Hadrian erbaute Anlage stellt einen deutlichen Fortschritt in der Entwicklung des Ostienser Wohnungsbaus für die mittleren Klassen dar. Es ist direkt mit den Thermen der Sieben Weisen und dem Haus des Serapis verbunden und umfaßt auch einen Tempel, das sog. Sacello delle Tre Navate (111), das wahrscheinlich ein den Bewohnern der Wohnanlage vorbehaltenes Mithräum war.

### 112. Casa di Annio

In dem Bau aus dem Jahre 128 n.Chr. sind noch einige Räume mit einigermaßen gut erhaltenen Fresken zu besichtigen.

113. **Terme della Trinacria** (Thermen der Trinacria)
114. **Caseggiato del Serapide** (Wohnanlage des Serapis)
  **Caseggiato di Bacco e Arianna** (Wohnanlage des Bacchus und der Ariadne)

Ein enges Sträßchen mündet in eine besonders interessante Anlage, die aus den Thermen der Trinacria und einem schönen Wohnblock aus der hadrianischen Zeit besteht. Letzterer liegt direkt neben einem großen Getreidespeicher, der noch nicht ganz ausgegraben ist, und setzt sich aus einer Wohneinheit, der sog. Casa di Bacco e Arianna, und einem kleinen, Jovi Serapidi geweihten Tempel zusammen.

Aufgrund ihrer Lage kann man vermuten, daß die einigermaßen gut erhaltenen Thermen den Angestellten aus dem Umkreis der großen Vorratsspeicher, d.h. also Transporteuren, Hafenarbeitern, Händlern und natürlich auch den Bewohnern der Wohnanlage vorbehalten waren.

In der Casa di Bacco e Arianna, die aus zwei Stockwerken bestand, sind noch die Mosaikböden des Erdgeschosses vorhanden. Sie gehören, zusammen mit anderen Mosaiken aus der Zeit um 120-130 n.Chr., zu den bedeutendsten von Ostia. Das schwarz-weiße Mosaik des Trikliniums, auf dem der Kampf zwischen Eros und Pan bzw. die heilige und die profane Liebe in Gegenwart von Dionysos und Ariadne dargestellt wird, ist zweifellos das schönste des Hauses sowohl wegen des originellen Ansatzes bei der figürlichen Darstellung, als auch aufgrund der Stilisierung der Pflanzenmotive. Die von Rebenblättern und Ran-

kenwerk eingerahmten Figuren des Mittelfelds lassen einen raffinierten Geschmack und den fortgeschrittenen Stand der Mosaikkunst Ostias erkennen. Die auf dem Fußboden dargestellten Figuren wenden sich dem hinteren Teil des Saals zu, wo sich wahrscheinlich der Platz des Gastgebers befand.
Seitlich der Casa di Bacco e Arianna liegt der Tempel des Jovi Serapidi, einer dem ägyptisch-hellenistischen Kulturkreis angehörenden Gottheit.

S. 48 Casa degli Aurighi (Haus der Wagenlenker). Säulenhalle.
(Oben) Casa degli Aurighi. Gebäudereste.
(Unten) Casa des Annio. Vorderansicht.
(Rechts) Mosaik mit Bacchus und Ariadne (Ausschnitt).

115. **Mitreo del Palazzo Imperiale** (Mithräum des Kaiserpalastes)
116. **Terme del Palazzo Imperiale** (Thermen des Kaiserpalastes)
117. **Mercati Traianesi** (Trajanische Märkte)
118. **Horrea dei Mensores**
119. **Aula dei Mensores**

In dieser großen *horrea* befand sich in einem internen Gebäude der offizielle Sitz einer Körperschaft, in der sich diejenigen, die für die Kontrolle und das Abwiegen des Getreides zuständig waren, organisiert hatten. Der Saal, in dem sich das schöne Mosaik der *mensores* befindet, war wohl der Ort, wo das Getreide der Körperschaft, die sich *Corpus Mensorum Frumentariorum Ostiensum* nannte, abgewogen wurde. Die Art ihrer Tätigkeit wird sehr anschaulich vom Mosaik selbst dargestellt. Der *mensor* maß mit dem *rutellum* die Getreidemenge, während zwei andere Personen die Qualität und Feuchtigkeit des Getreides selbst kontrollierten.

Angrenzend an die *Horrea dei Mensores* liegen weitere große *horrea*, die die hadrianischen genannt werden (117). Obwohl sie nur teilweise ausgegraben sind, kann man noch Teile der großen intakten Gewölbe erkennen.

Nicht weit davon entfernt erstreckt sich jenseits der noch unerschlossenen Dünen der *Palazzo Imperiale* (Kaiserpalast) genannte Komplex (115,116) der eine Thermenanlage und ein Mitrhäum umfaßt.

120. **Terme del Mitra** (Thermen des Mithras)

Die im Jahre 125 n.Chr. errichtete Anlage wurde um das Jahr 200 n.Chr. erheblich umgebaut und modernisiert. Vor allem der gut erhaltene unterirdische Teil mit seinem Geflecht von Gängen, die zu den Betriebsräumen führten, bietet eindrucksvolle Einblicke. In einem Gang mit Treppen ist eine Anlage zum Schöpfen des Wassers (*noria*) sichtbar. An einer Wand eines schmalen und tiefen Raumes sind noch die Zeichen eingraviert, die

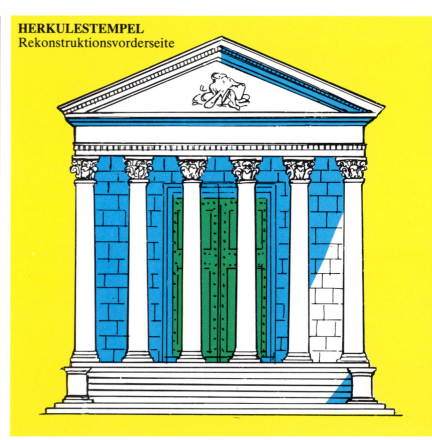

**HERKULESTEMPEL**
Rekonstruktionsvorderseite

das große Rad, das, mit Kübeln behangen, das Wasser zur oberen kleinen Zisterne transportierte, hinterlassen hat. Von dort aus wurde das Wasser über Bleirohre zu den Wannen und Heizanlagen weitergeleitet. In den Sommermonaten, wenn das Sickerwasser in diesen unterirdischen Anlagen ausgetrocknet ist, kann man das Mithräum besichtigen, das in einem schon zu antiken Zeiten unbenützten Zisternenraum eingerichtet wurde. Gleich dahinter befindet sich eine Nutzanlage, wahrscheinlich eine Wäscherei-Färberei.

### 121. Area Sacra dei Tempi Repubblicani
(Heiliger Bezirk der republikanischen Tempel)

Sie umfaßt auf einer trapezförmigen Fläche den großen Tempel des Hercules Invictus und zwei kleinere Tempel unbekannter Gottheiten. Sie wurden unter Sulla in Tuffmauerwerk auf dem alten Niveau der republikanischen Stadt errichtet. Noch erhalten sind die hohen *podia* und ein Teil des Mauerwerks der Cella. Die drei Tempel wurden ab 112 n.Chr. in der trajanischen Zeit des öfteren umgebaut. Die Restaurierungsarbeiten an der Cella des Herculestempels in Ziegelmauerwerk gehen auf diese Epoche zurück. Weitere Umbauten erfolgten im 4.und 5.Jh.n.Chr. unter den Kaisern Theodosius und Arcadius. Diese letzten und späten Instandsetzungsarbeiten belegen, wie sehr die Ostienser an diesem uralten heidnischen Kult hingen.

### 122. Domus di Amore e Psiche (Domus von Amor und Psyche)

Es handelt sich hier um eines der vielen *domus*, die im 4.Jh.n.Chr. errichtet wurden und sich vor allem durch den Reichtum ihrer Ausstattung auszeichnen. Prächtig ist das im Inneren der Villa gelegene, große, säulenbestandene Nymphäum. Einige kleine Räume, die zum Nymphäum hinausgehen, besitzen polychrome Marmorverkleidungen; in einem sticht die Kopie der Amor und Psyche darstellenden Marmorgruppe hervor (das Original steht im Museum). Der ebenfalls mit wertvollem Marmor verkleidete Speisesaal verfügt über einen wunderbaren farbigen Fußboden in *opus sectile*.

Man nimmt an, daß ein Großteil dieser spät erbauten *domus* Ostias reichen Kaufleuten gehörte, die im Seehandel ihre Geschäfte betrieben

### 123. Terme di Buticosus

Diese unter Trajan im Jahre 112 n.Chr. erbauten Thermen bestehen aus verschiedenen Räumen, die Spuren von Wandmalereien tragen. Der Name ist auf die Darstellung eines Bademeisters, Buticosus, auf dem Mosaikfußboden des vor dem *laconicum* liegenden Raumes zurückzuführen. Einigermaßen gut erhalten ist das *calidarium*, in dem neben zwei kleinen, marmorverkleideten Becken ein schönes Mosaik auffällt, auf dem eine Szene mit Meeresgottheiten abgebildet ist.

Auf der Süseite des heiligen Bezirks zur *Via della Foce* hin liegt in einem aus späterer Zeit stammenden Raum eine einfache Filter-und Reinigungsanlage für das Brunnwasser. Das bezeugt, zusammen mit den vielen anderen Brunnen, die in den mittlerweile heruntergekommenen Wohnanlagen, in den *Domus* und längs der Straßen der Stadt gegraben wurden, wie sich die verarmte Bevölkerung Ostias im 5. oder 6.Jh.n.Chr. an den zunehmenden Verfall der Infrastrukturen angepaßt hat. Da das Aquädukt der Stadt infolge von Überfällen oder auch wegen unterlassener Instandhaltungsarbeiten zerstört war, waren die Ostienser gezwungen, das Brackwasser zu trinken,

*S. 50 Domus von Amor und Psyche. Nymphäum.*
*Thermen des Buticosus. Calidarium.*

**124. Horrea Epagathiana ed Epafroditiana**

Diese mächtige Gebäude mit Säulenhof wurde von den Besitzern Epagathio und Epafroditio als Speicher genutzt. Es handelt sich um eine der seltenen *horrea* Ostias, von denen man den Namen der Besitzer kennt, welcher auffällig auf einer im Giebelfeld des Haupteinganges angebrachten Tafel steht.

Es wird angenommen, daß dieser aus dem 2.Jh.n.Chr. stammende Bau als Warenlager benützt wurde, da die auf den Säulenhof hinausgehenden Innenräume bauliche Eigenarten aufweisen, die sich von den anderen *horrea* beträchtlich unterscheiden. Das bis zur Hälfte des zweiten Stockwerks recht gut erhaltene Gebäude besitzt zur Frontseite einige Läden und einen schönen Eingang mit Vorhalle aus Ziegel-Halbsäulen. Der rechteckige Innenhof ist mit einem schwarz-weißen Mosaikboden ausgelegt, in dessen Mitte sich ein Emblem mit einem Hakenkreuz befindet, was damals ein magisches Zeichen zur Abwehr von Mißgeschicken war. Die gut erhaltenen Innenräume mit den originalen Kreuzgewölben werden heute als Lagerräume für die archäologischen Ausgrabungsstücke benützt, die im Laufe der Ausgrabungen geborgen werden.

(Oben) Horrea Epagathiana. Gebäudereste.
(Unten) Horrea Epagathiana. Haupteingang.

# PORTUS OSTIAE

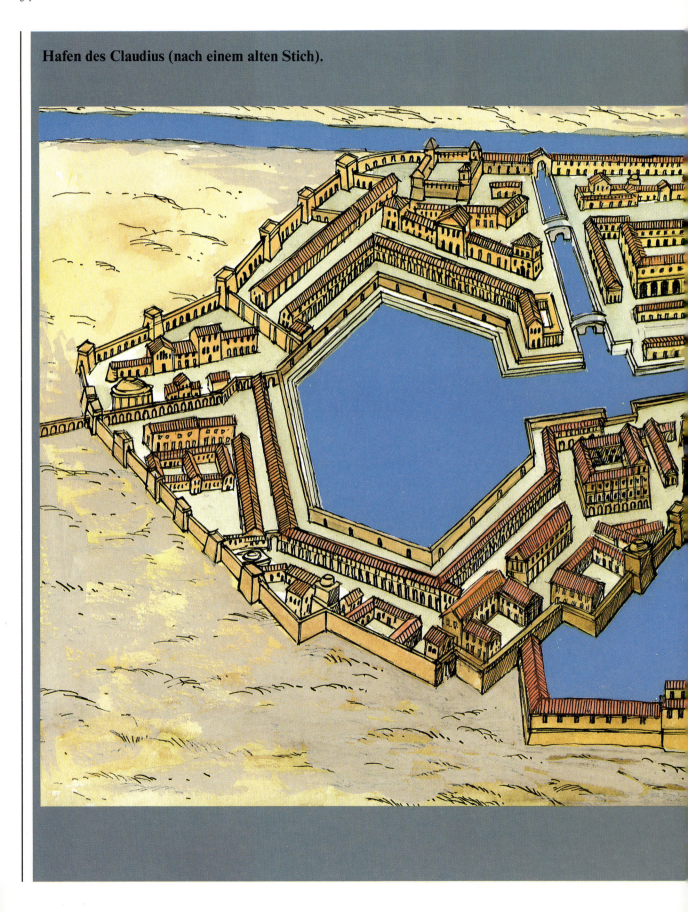

**Hafen des Claudius (nach einem alten Stich).**

# PORTUS OSTIAE

Es ist dank zahlreicher antiker Quellen bekannt, daß Ostia über einen unzulänglichen Hafen verfügte. Wenn auch viele Vermutungen in dieser Hinsicht angestellt wurden, hatte man doch nie etwas gefunden, was auf Hafenanlagen hingewiesen und damit eine genaue Bestimmung seiner Lage erlaubt hätte. Jüngste Ausgrabungen, die in dem heutigen Ort Ostia durchgeführt wurden, haben ein mächtiges Gefüge aus Tuff-Quadersteinen ans Tageslicht gebracht, das gut hundert Meter lang und zehn Meter breit ist und eindeutig als eine zum Laden und Entladen von Gütern geeignete Flußmole identifiziert werden kann.

Diese Hafenanlage verfiel zumindest teilweise zur Zeit des Kaisers Claudius, der für Ostia einen Hafen wollte, der mehr den Bedürfnissen des zunehmenden Handelsverkehrs entsprach. Er ließ zunächst im Nordwesten der Stadt an der Küste ein großes Hafenbecken anlegen, das ursprünglich *Portus Ostiae* und *Portus Augusti* genannt wurde. An den Bau dieses aufwendigen Unternehmens erinnert eine Tatsache, die später von jüngsten Ausgrabungen bestätigt wurde. Der Leuchtturm, den Kaiser Claudius an der Hafeneinfahrt errichten lassen wollte, wurde auf einer künstlichen Insel angelegt, die dadurch geschaffen worden war, daß man das riesige Schiff, das den monolithischen Obelisken, der den Circus des Vatikan schmücken sollte und heute in der Mitte des Sankt Peterplatzes in Rom steht, aus Ägypten transportiert hatte, einfach versenkte und mit Kalk und Tuff auffüllte.

Der von Nero im Jahre 54 n.Chr. eingeweihte Hafen wurde von Trajan um ein gewaltiges sechseckiges

*(Oben) Hafen von Ostia. Überreste der Mole auf dem Gelände des Flughafens Leonardo da Vinci.*
*(Unten) Ostiahafen. Bild des Leuchtturms im Architrav.*

*Leuchtturm des Hafens des Claudius.*

Hafenbecken und einen Kanal erweitert (Fossa Traianea), der ihn mit dem Tiber verband und so einen Warentransport auf dem Fluß bis nach Rom ermöglichte.

Die neue, von der Stadt abgetrennte Hafenanlage schuf sicher technische Probleme für die im Hafenbereich Beschäftigten, die in Ostia wohnten. Offensichtlich wurde von vielen eine Verlegung der Lagerhallen und Wohnungen in umittelbare Hafennähe befürwortet. Auch wenn diese Verlegung sehr langsam vonstatten ging, hatte sie doch zweifellos das Entstehen eines immer größeren Wohnviertels um den Hafen herum zur Folge. Der so allmählich zu einer eigenständigen Stadt gewordene *Portus Ostiae* bekam schließlich unter Konstantin alle bisher Ostia eigenen Stadtrechte zusammen mit dem Titel *Civitas Constantiniana* verliehen. Der Hafen war nun nicht mehr *Portus Ostiae*, sondern *Portus Romae*. Das hatte den langsamen, aber beständigen Verfall Ostias und seines reichen Handels zur Folge.

Von dem Alltagsleben der Stadt Porto ist so viel wie nichts überliefert. Infolge einiger, zu Beginn dieses Jahrhunderts durchgeführter Ausgrabungen konnten einige mächtige Hafenanlagen und Überreste von Lagern zur Stapelung der Waren identifiziert werden. In den dreißiger Jahren wurde in der Gegend der Isola Sacra an der Via Flavia, die Porto mit Ostia verband, seine Nekropolis freigelegt, die vom Küstensand, unter dem sie jahrhundertelang begraben lag, einmalig konserviert worden war. Auf diese Weise blieb sie auch vor den gefürchteten Grabräubern des Mittelalters verschont und bot so bei den Ausgrabungen reiche Funde beträchtlichen Wertes. Die Gräber, die fast alle noch wunderbar erhalten wirken, gehen auf das 1. bis 3.Jh.n.Chr. zurück. Es handelt sich um Einzelgräber, die unmittelbar nebeneinander liegen. Die über ihnen erbauten Fassaden und Giebelfelder bestehen aus Ziegelwerk, deren Schmuck darin besteht, daß die Ziegelsteine selbst behauen sind. Die Grabkammern sind mit Tonnengewölben bedeckt und bewahrten unterschiedslos die Asche der Kremation und die Sarkophage der Erdbestattung.

Um diese reichen Gräber herum befinden sich Hügelgräber, Gräber in Kastenform, Adikulas und ein Armenfriedhof. Unter den Sehenswürdigkeiten befindet sich ein ägyptisches Grab aus Ziegelwerk, das eine Miniaturpyramide darstellt.

An den Gräbern angebrachte Grabinschriften und Tontafeln, auf denen die verschiedenen Handwerksberufe dargestellt werden, geben uns Auskunft über das Leben der Bevölkerung Portos. Auffallend hoch ist die Anzahl der freigelassenen Sklaven, die die verschiedensten Berufe ausübten und beträchtlich auch die große Zahl der Ausländer, die im Umkreis des Hafens tätig waren. Trotz all dieser Funde hatte man doch lange nichts entdecken können, was die Existenz einer Stadt um den Hafen herum bewiesen hätte. Erst in den Jahren 1960-61 wurden im Zuge einiger Probeausgrabungen anläßlich des Baus einer Straße, die Ostia mit dem Flughafen Fiumicino verbinden sollte, Teile von Gebäuden entdeckt, die die Existenz dieser mächtigen Stadt, die *Civitas Constantiniana* einst war, bewiesen. Am Kanal Fiumicino (Fossa Traianea) entlang wurden Spuren gewaltiger Thermenanlagen, Wohnhäuser, antiker Fabrikanlagen und Straßen sichtbar, an denen Geschäfte und öffentliche Bauten lagen. Zu Füßen der Nekropolis auf dem Gelände der Opera Nazionale Combattenti kamen Funde aus der späten Kaiserzeit zutage, darunter die ehemalige Basilika des hl.Hippolyt. Ein aus dem 11.-12.Jh. stammender Glockenturm, der unmittelbar neben der antiken christlichen Basilika errichtet wurde, beweist, daß an diesem Ort während des ganzen Mittelalters ein, wenn auch bescheidenes, christliches Gemeindeleben weiterbestanden hat.

*Der Hafen.*

*Ostia Antica.
Zeichnung.
Mit genehmigung
von Editori
Romani Associati.*

## GLOSSAR

APODYTERIUM – Umkleideraum in den Thermen
ATRIUM – Eingang der römischen Villa
AUGUSTALEN – Dem Kaiserkult dienende Priester
AUGUSTEUM – Kultort für den Kaiserkult
CALIDARIUM – Raum in den Thermen für Warmbäder
CARDO MAXIMUS – Querstraße zum Decumanus Maximus.
CARRUCA – Antikes vierrädiges Gefährt.
CASTRUM – Befestigte Zitadelle; ursprünglich Lager der römischen Soldaten
CAUPONA – Antike Gastwirtschaft.
CISIARII – Wagenlenker, Fuhrleute.
CISIUM – Antikes Gefährt für den Passagiertransport
COLLEGIO oder CORPORAZIONE – Zunftvereinigung.
COLOMBAIO = KOLUMBARIUM – Gräber, in denen in Wandnischen Tongefäße mit der Asche der Verstorbenen aufbewahrt wurden
CURIA = KURIE – Versammlungsort des städtischen Senats.
DECUMANUS MAXIMUS – Hauptstraße der römischen Städte.
DOLII – Große Tongefäße
DOMUS – Römische Villa
DUOVIRO – Römischer Magistrat
FORICA – Latrine
FRIGIDARIUM – Raum in den Thermen für Kaltbäder
FULLONICA – Wäscherei-Färberei
HORREA – Lebensmittelspeicher
INSULA – Mehrstöckige Wohnanlage mit Innenhof und mehreren Wohnungen
KOLUMBARIUM – (vgl. Colombaio)
KURIE – (vgl. Curia)
LACONICUM – Raum in den Thermen für Dampfbäder.
LARARIUM – Hauseigenes Oratorium
MACELLUM – Lebensmittelmarkt
MENSORES – Getreideabwieger
MITHRAS – In den Mithräen verehrter Gott, orientalischer mystischer Kult.
MITHRÄUM – Dem Gott Mithras geweihter Tempel
NYMPHÄUM – Den Nymphen geweihter Ort mit Wasserspielen; Brunnen
OPUS INCERTUM – Bautechnik des 2.-1.Jh.v.Chr.
OPUS RETICULATUM – Bautechnik ab Mitte des 1.Jh.v.Chr.
OPUS SECTILE – Marmorintarsiatur
PERISTYL(IUM) – Säulenbestandener Hof
PODIUM – Bank
RUTELLUM – Gerät, um die Kornhöhe im Scheffel glattzustreichen.
SACELLUM – Heiligtum
SCHOLA – Sitz einer Körperschaft oder Zunftvereinigung.
SERAPEUM – Serapis geweihter Tempel
SODALES – Mitglieder einer Körperschaft.
SUSPENSURAE – Quadratische Ziegelblöcke, die unter den Fußböden angebracht werden, um eine Warmluftzirkulation zu ermöglichen
TABERNA – Laden, Geschäft
THERMOPOLIUM – Antike Bar-Imbißstube
TRIKLINIUM – Speisesaal

# BIBLIOGRAPHIE

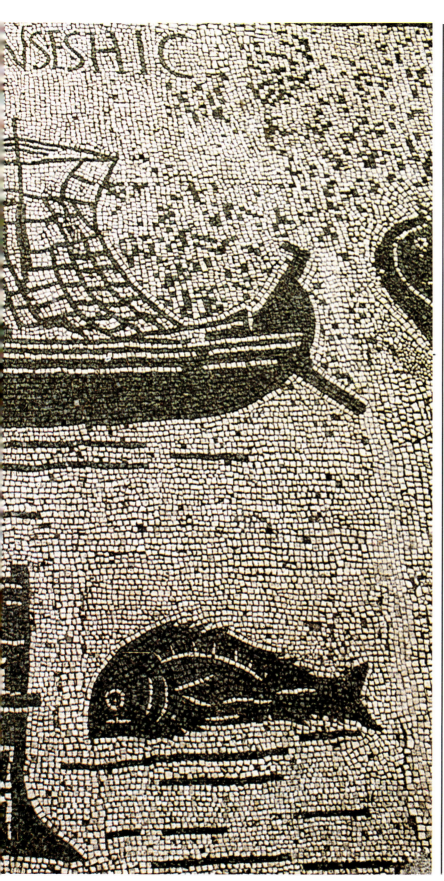

*Das Museum von Ostia. Votivspende eines Militärs vom Krieg zurückgekommen.*
◀ *Forum delle Corporazioni. Mosaik der Handels tätigkeit.*

### BIBLIOGRAPHIE

G. Beccatti, I MOSAICI OSTIENSI, Vol. IV Roma, 1962.

H. Bloch, I BOLLI LATERIZI (Bollettino Comunale), 1936.

R. Calza, LA NECROPOLI DEL PORTO DI ROMA DI ISOLA SACRA, Roma, 1940.

R. Calza - M.F. Squarciapino, MUSEO OSTIENSE, Roma, 1962.

Felletti-May, MONUMENTI DELLA PITTURA ANTICA OSTIA I-II, 1961.

G. Lugli-G. Filibeck, IL PORTO DI ROMA IMPERIALE E L'AGRO PORTUENSE, Roma, 1935.

R. Meiggs, ROMAN OSTIA, Oxford, 1960.

L. Paschetto, OSTIA COLONIA ROMANA, STORIA E MONUMENTI, Roma, 1912.

A.L. Pietrogrande, LE FULLONICHE, Roma, 1964.

V.S.M. Scrinari, LE NAVI DEL PORTO DI CLAUDIO, Roma, 1979.

M.F. Squarciapino, I CULTI ORIENTALI, Leida, 1962.

M.F. Squarciapino-R. Calza, LE NECROPOLI. SCAVI DI OSTIA, Vol. III, Roma, 1962.

D. Vaglieri, I MONUMENTI REPUBBLICANI DI OSTIA, (Bollettino Comunale, 1911).

© Copyright 1985/86/87/88/89 by Edizioni
  Storti - Venezia
Text: Cordello
Photos: Pino Bonifazio
         Augustus Color Roma
Gedruckt: Februar 1989